国破れて著作権法あり

誰がWinnyと日本の未来を葬ったのか

城所岩生

みらい新書

目次

第2章　世界の最先端を走っていたP2P技術の商用化を遅らせたウィニー事件

第3章　対照的な米国版ウィニー事件判決とその後も勇み足が続く日本の検察

第4章　オラクルの1兆円の損害よりも社会全体の利益を優先させた米最高裁

第5章　金子勇の悲劇を繰り返さないための提言

巻末特別インタビュー

あとがき

まえがき

２０１２年4月、幕張メッセで金子勇氏の講演を聴いた私は、質問の冒頭で、「金子さんは日本人に生まれて不幸だったかもしれない。なぜなら欧米版ウィニーを開発した北欧の技術者は、金子さんのように後ろ向きの裁判に7年半も空費させられることなく、その後、無料インターネット電話のスカイプを開発して、億万長者になったからです」と述べた。日本のインターネットの父とよばれる村井純慶応大教授は、その欧米版ウィニーを「ボロウィニー」と酷評する。欧米はボロウィニー開発者を億万長者にしたのに対し、日本は本物のウィニー開発者を逮捕・起訴し、無罪を勝ち取るのに42年の短い生涯の7年半も奪ってしまった。ウィニーを「ソフトとしては10年に一度の傑作」と評価した村井氏は金子氏の訃報に接して、「ひょっとしたらウィニーがビジネスの基盤に育っていた未来があったかもしれない。ただただ残念だ」と述べた。村井氏の予言どおり、ウィニーが採用したP2P（Peer to Peer）技術は、最近脚光を浴びているブロックチェーン技術の先駆けとも言われている。

第2章で紹介する『Winny　天才プログラマー金子勇との7年半（NextPublishing）』（インプレスR&D）の著者、壇俊光氏は金子氏の逮捕前には存在しなかったユーチューブやアイチューンズなど新しい技術が裁判中に次々と生まれて、日本のビジネスを駆逐したのを残念がる。同書には「栄光なき天才金子勇の無罪までの道のり」という帯がついている。金子氏を栄光なき天才にしてしまい、世界の最先端を走っていたP2P技術の商用化を遅らせる国家的損失を招いた元凶として、厳しい日本の著作権法とそれをさらに厳格に適用する法執行機関の対応があげられる。ウィニー事件で地裁の有罪判決を覆した高裁判決を支持し、無罪を確定した最高裁判決は、法執行機関の性急な捜査・起訴を戒めた。

金子氏も被害者となった自白偏重主義を生む人質司法は国際的批判を浴びながら、改革は牛歩である（第3章、第5章参照）。放送業界ではNHKの番組ネット同時配信が欧州や韓国の公共放送に10年以上遅れた（第1章参照）。いずれも法改正を検討する審議会や委員会が関係者の利害調整の場になってしまい、改革が進まない「ゆでガエル」現象の結果である。

イノベーションにも大きく関係する著作権法（第1章、第4章参照）について、ゆで上がって「国破れて著作権法あり」状態に陥る前に何とか手を打てないかとの思いから本書を執筆し、最後の三章を改革のための提言にあてた。そのうちの二章を割いた日本版フェアユースについては、これまでも「アメリカかぶれ」と言われながらも繰り返し主張してきたが、2021年の米最高裁判決でその必要性を再認識した。オラクルとグーグルのスマホ向けOSアンドロイドをめぐる著作権侵害訴訟で、最高裁はオラクルの1兆円の損害よりも社会全体の利益となるイノベーションを優先させ、グーグルのフェアユースの主張を認めたからである（第4章参照）。壇氏も刑事にこそフェアユースが必要と指摘する（巻末特別インタビュー参照）。

欧米で著作権法改革の議論をリードしているのは学者である。私は第三の人生でなった学者の端くれとして、日本で著作権法改革の議論が盛り上がらないことに自責の念にかられていた。本書を通じて、著作権法改革の必要性を訴える人が増えてくれればこんなにうれしいことはない。

第1章

シリコンバレーの興隆と日本の停滞

1-1 日本株式会社による乗っ取りを恐れた90年代前半のシリコンバレー

インターネットの入り口であるブラウザー（閲覧ソフト）を開発したマーク・アンドリーセン氏は、イリノイ大在学中に最初のインターネットのブラウザー、モザイクを共同開発。卒業後、シリコンバレーに移住し、1994年に事業家のジム・クラーク博士とネットスケープ・コミュニケーションズを設立。モザイクを改良したネットスケープ・ナビゲーター（現在のファイヤーフォックス）を開発して、設立からわずか1年半で同社の株式公開に漕ぎつけた。

24歳でタイム誌の表紙を飾り、マスコミに次のビル・ゲイツやスティーブ・ジョブズかと報じられるなど時代の寵児となり、25歳で億万長者となった。その後、ベンチャーキャピタリストに転じ、ツイッター、フェイスブック、スカイプなどの有望企業を見出して、投資した。

同氏が移り住んだ1994年頃、シリコンバレーは冬の時代だった。このため、シリコンバレーも日本株式会社に乗っ取られ

アンドリーセン氏（Wikipedia）

るのではないかと懸念した同氏は、高校時代に技術者になるには日本語を学ばなければと思ったのに、実行しなかったのを後悔した。

アンドリーセン氏のシリコンバレーが日本株式会社に乗っ取られるのではないかとの懸念は、今ではそんな時代があったのかと思わせる話だが、平成元年と最後の31年の世界時価総額ランキングを見るとうなずける。

図表1・1は言論プラットフォーム「アゴラ」に投稿した「『ウィニー事件』弁護人の話に思う、平成日本の敗因」(https://agora-web.jp/archives/2043926.html)で紹介した世界時価総額ランキング上位10社の国別・業種別内訳である。

まず、国別に見ると、1989年に7社を占めていた日本は2019年には皆無。表にはしてないが、ランキング上位

図表 1.1 世界時価総額ランキング上位 10 社の内訳

	平成元年(1989 年)	平成 31 年(2019 年)4 月
国別	日本(7 社)i、米国(2 社) オランダ(1 社)	米国(7 社)iii、中国(2 社) オランダ(1 社)
業種別	金融(5 社)、IT・通信(2 社)ii エネルギー(3 社)	IT・通信(7 社)iv、金融(2 社) エネルギー(1 社)

i. 金融 5 社、NTT、東電　ii.NTT、IBM　iii. アルファベット(グーグル親会社)、アップル、フェイスブック、アマゾン , マイクロソフト(GAFAM)、金融 2 社 iv.GAFAM, アリババ、テンセント　出典:「平成最後の時価総額ランキング。日本と世界その差を生んだ 30 年とは?」https://startup-db.com/magazine/category/research/marketcap-global をもとに作成

50社を見ると、1989年に日本は32社を占めていた。アンドリーセン氏がシリコンバレーを乗っ取られるのではないかと恐れた理由もうなずける。ところが、2019年には1社（43位のトヨタ自動車）のみと、その凋落ぶりがより鮮明になる。

業種別に見ると、凋落の原因がよくわかる。1989年には上位10社中2社だったIT・通信が2019年には7社に急増。しかも上位4社はアップル、マイクロソフト、アマゾン、グーグルの米IT企業。このうち、アマゾン、グーグルと9位のフェイスブックの3社はいずれも平成生まれ。中国の2社（アリババ、テンセント）も平成生まれである。上位10社中7社を占め、うち5社は平成生まれのIT・通信業界で、米中のようにスーパースターが生まれなかった。言い換えると、IT革命に乗り遅れたことが日本の敗因といえる。

1-2　ソフトウェアが世界を飲み込む

アンドリーセン氏は2011年8月20日付、ウォールストリートジャーナル紙に「なぜソフトウェアが世界を飲み込むのか」というタイトルの寄稿文を寄せた。同氏は最近でも「マーク・アンドリーセン、未来を語る」（https://startuptimez.com/marcandreesen/future）などマスコミにしばしば登場するが、以下の理由で、この論考を紹介する。
①10年以上経過した現在でもしばしば引用される洞察に富んだ論考であること
②米国ではソフトウェアによって新興ベンチャー企業の挑戦を受けた伝統的企業も経済のソフトウェア化に対応してきたこと
③対照的に日本では伝統的企業が新興ベンチャー企業の挑戦をつぶすことで延命を図り、ソフトウェア化が遅れたこと
などが浮き彫りになる。
幸い、渡部薫ジークラウドCEOによる日本語訳『ソフトウェアが世界を飲み込む理由』(http://sora.rainbowapps.com/software) があるので、以下、5ページにわたる翻訳から参考になる記述を抜粋し、解説を加えながら紹介する。

私たちは劇的かつ広範囲にわたる技術的、そして経済的な移行期にあり、ソフトウェア企業が経済の大部分を占有してしまおうとしている、まさにそんな時期に直面しているということだ。

映画から農業、そして国防に至るまで、主要企業や主要産業のより多くがソフトウェア上で運営され、オンラインサービスとして提供されている。勝者の多くが、従来の産業構造に参入して（伝統的企業を）駆逐しているような、シリコンバレー流の起業家生まれのテクノロジー企業である。この先10年、私はより多くの産業がソフトウェアによって崩壊させられ、世界最先端の新興シリコンバレー企業が、多くの場合その崩壊を引き起こすだろうと期待している。

ソフトウェアが伝統的なビジネスを飲み込むというこの現象を最も劇的に表している例は、おそらくBorders社の自殺行為とそれに伴うAmazon社の躍進だろう。2001年、Borders社は、同社のオンラインビジネスを、オンライン書籍販売が非戦略的事業で重要ではないという仮説に基づき、Amazon社に譲渡することで合意した。

今日、世界最大の書籍販売会社のAmazon社は、ソフトウェア企業である。同社の核となる能力は、基本的にすべてをオンラインで販売するというその素晴らしいソフトウェア・エンジンであり、小売店舗は必要ではない。それに加えて、Borders社が差し迫った破産の苦痛にさいなまれていたとき、Amazon社は、初めて物理的な書籍にとって代わる、Kindle向け電子書籍をプロモーションするために自社サイトを変更しようとしていた。今では、本ですらソフトウェアなのだ。

定期利用者数から、今最も規模の大きなビデオサービス会社は、ソフトウェア企業のNetflix社である。いかにしてNetflix社がBlockbuster社（ＤＶＤレンタルビジネス最大手）を骨抜きにしたかは古い逸話となっているが、今、その他の伝統的なエンターテイメント会社がまさに同じ脅威に直面している。Comcast社、Time Warner社などの各社は、TV Everywhereといった、映像コンテンツを物理的なケーブルから解き放ち、スマートフォンやタブレットに提供するなどして、自社をソフトウェア企業へと変革することで対応しようとしている。

現在、支配的な音楽会社も、Apple社のiTunes、SpotifyやPandoraなどのソフトウェア企業である。伝統的なレコード会社は、ますます、これらソフトウェア企業に対してコンテンツを提供するためだけの存在になっている。デジタル・チャンネルからの業界売上は、２０１０年に46億ドルになり総売り上げの29％にまで成長。2004年は総売り上げの2％でしかなかった。

いくつかの産業、特に原油やガスといった実世界の構成物が重大な産業では、ソフトウェア革命は既存企業にとって絶好のチャンスを提供する。しかし、多くの産業において、新たなソフトウェアのアイディアは、新たなシリコンバレー流のスタートアップ企業の登場という結果を招き、既存産業に不純物として侵入してくることとなる。この先10年、既存企業とソフトウェアの力を得た反乱者との間の戦いは熾烈なものとなるだろう。「創造的破壊」という言葉を生み出した経済学者のジョゼフ・シュンペーターは誇りに思うだろう。

シュンペーターは母国オーストリアの財務大臣やドイツのボン大学教授を歴任した後、ナチスから逃れてアメリカに渡り、ハーバード大学で教鞭を取った。イノベーションの本質は創造的破壊(creative destruction）にあると指摘。経済発展というのは新たな効率的な方法が生み出されれば、それと同時に古い非効率的な方法は駆逐されていくという、その一連の新陳代謝を指し、持続的な経済発展のためには絶えず新たなイノベーションで創造的破壊を行うことが重要であるとした。

1-3　イノベーションのジレンマ

イノベーションについての名著にクレイトン・クリステンセン　ハーバード大教授の『イノベーションのジレンマ』がある。「技術革新が巨大企業を滅ぼすとき」という副題がついているように、イノベーションが大企業からは生まれにくいことを説いた教授は、イノベーションを持続的イノベーションと破壊的イノベーションに分類。

ハードディスク業界などの例をとりあげて、実績ある企業は、ごく単純な改良から抜本的なイノベーションまで、持続的なイノベーションをリードする技術力を持ってはいたが、破壊的技術を率先して開発し、採用してきたのは、いつも既存の大手企業ではなく、新規参入企業であることを実証した。

教授の理論は、アンドリーセン氏が「現在、支配的な音楽会社も、Apple社のiTunes, SpotifyやPandoraなどのソフトウェア企業である」とした音楽配信サービスにもあてはまる。

２０００年代初め、ウォークマンが携帯音楽プレイヤーの主役の地位を占めていた時代のソニーは、アップルに比べれば大企業だった。しかし、ＣＤ販売の音楽事業を持つため、共食いを恐れ、音楽配信サービスに踏み切れなかった。

２００1年に携帯音楽プレイヤーiPodを発売したアップルは、２００３年にiTunes Storeを立ち上げ、安価（1曲99セント）で使いやすい音楽配信サービスを提供して大ヒットさせた。その後、iPhone（スマホ）、iPad（タブレット型ＰＣ）を次々と大ヒットさせ、平成31年の平成時価総額ランキングではトップに躍進、最新の２０２２年10月時点でもトップを維持している。

そのアップルがシリコンバレー生まれの音楽会社だとすれば、シリコンバレー生まれのテレビ局は、アンドリーセン氏が「今最も規模の大きなビデオサービス会社」とするネットフリックス社。平成9年（１９９７年）生まれだが、平成31年（２０１９年）の平成時価総額ランキング50位を占め、その成

ネットフリックス本社
（構内での撮影は禁止されたため入口で筆者撮影）

長率から日本勢で唯一50位以内に入っているトヨタ自動車（43位）を抜くのも時間の問題だろう。

同社は郵便によるＤＶＤ宅配レンタルからスタートしたが、２００７年にはネット配信を開始。当初は他社の作ったコンテンツをライセンスして配信していたが、２０１３年には自社制作に乗り出し、処女作の『ハウス・オブ・カード　野望の階段』では豊富な資金力とユーザーの視聴履歴のビッグデータを活用したストーリー作りで、いきなりテレビ界のアカデミー賞といわれるエミー賞を受賞した。

日本には２０１５年に進出、５周年を迎えた２０２０年８月末現在、利用者数は５００万人を超えたと発表した（ORICON NEWS、２０２０年９月７日）。

日本のテレビ局との提携も、２０１５年９月のサービス開始時にフジテレビとの共同製作による『テラスハウス』の新作などを配信したのを皮切りに在京キー局各社と提携している。

1-4　日本の放送業界にもあった破壊的イノベーションの試み

イノベーションで革新が起こるのは技術だけではないことから、イノベーションを「技術革新」

と訳したのは誤訳であるとする指摘がある。確かに制度によって革新を起こすイノベーションもある。そうした制度イノベーションまで含めると、日本の放送業界にも破壊的イノベーションの試みはあった。

2006年1月、総務大臣だった竹中平蔵氏（慶応義塾大学名誉教授）は、私的懇談会「通信・放送の在り方に関する懇談会」（以下、「竹中懇」、座長松原聡東洋大学教授）を発足させた。

構想を発表した2005年12月の記者会見で、竹中氏は、「国民から見ると放送と通信というのはシームレスである」「なぜ、インターネットでテレビの生放送が観れないのか

図表 1.2 主要国の公共放送によるインターネットを通じた番組提供

	日本	イギリス	フランス	ドイツ	韓国
公共放送局	NHK	BBC（英国放送協会）	FT（フランス・テレビジョン）	ARD（ドイツ公共放送連盟） ZDF（第2ドイツテレビ）	KBS（韓国放送公社）
ビデオ・オン・デマンドサービス開始年	2008年	2007年	2005年	ARD：2008年 ZDF：2007年	2000年
同時配信	なし	あり	あり	あり	あり
サービスの対価	無料サービスはなく、有料のみ。	国内は無料、欧州11ヶ国に有料で提供。	一部有料。	有料サービスはなし。	KBSは無料。子会社KBSメディアが有料で高画質配信サービスを提供。
国外からの利用	不可	欧州11ヶ国では可能	不可	可能	可能

出典：「NHKの経営及び公共放送をめぐる最近の論点」『調査情報』734号（2012年）をもとに作成

と思っている人も多いと思う」とコメントし、こうした疑問について国民に納得してもらえるような議論をしたいと述べている。
図表1・2のとおり、欧州や韓国の公共放送はネット配信をすでに始めていたことからも当然沸く疑問だった。

1-5　腰砕けに終わった竹中放送改革

半年間で14回の会合をもった竹中懇は2006年6月6日、「通信・放送の在り方に関する報告書を発表した。報告書は「IPマルチキャストの著作権法上の扱い」については、総論的に以下のように記している。

放送の法体系上、IP放送は放送の一種であるにもかかわらず、著作権法上通信と解釈され、権利処理の際に不利に扱われている。したがって、政府は、IP放送が著作権法上も放送として扱われるよう、速やかに対応すべきである。

インターネットを通じて通信として番組を配信するＩＰマルチキャスト（ＩＰ放送）は、テレビで放送するのとは別に著作権処理を行い、著作権料を支払う必要がある。これを著作権法上も放送として扱われるように改正すべきとの提案である。

ところが、具体的な「地上波デジタル放送のＩＰマルチキャストによる再送信」の話になると、次のようにトーンダウンする。

（中略）本来この問題は事業者の側で判断すべき事柄であり、行政の側がその判断に積極的に関与することは適当ではない。したがって、行政は、基本的には難視聴地域への地上波放送の到達のための補完手段としてのＩＰ放送は推進すべきであるが、それを超える部分については、各放送事業者が自らの判断により、関係者との協議を踏まえて決定すべきである。例えばキー局の番組を再送信した場合の地方局の経営への影響等、現実には様々な問題が生じ得るので、それへの配慮は必要である。

最後の「キー局の番組を再送信した場合の地方局の経営への影響」とは、具体的には、民放の地

方局に県単位で免許を与える県域免許制度の問題である。全国で122局ある民放地方局は、在京キー局の系列に入り、キー局の番組を、自ら獲得したローカルスポンサーの広告をつけて放送している。

番組を分けてもらう地方局は、本来、キー局に使用料を払うべきだが、実際にはキー局が番組を放送してもらう見返りに、地方局にネットワーク料を支払っている。つまり、地方局はコストをかけて自主番組を制作するより、キー局の番組を流す方が経営的に楽なのである。そのため、自主番組はわずか1割強にすぎない。

県域免許制はもともと、地域発の情報を確保するためにあるのだが、現実には、地方局は地域の情報を発信する努力を怠っている。しかも、県域免許制度に守られて、これまで経営破綻した地方局はなかった。

県域免許制度にしがみつく地方局を守るためにネット配信が滞り、利用者がその恩恵にあずかれないというのは、なんともおかしな話である。竹中氏は、利用者のこうした素朴な疑問に応えようとしたわけだが、小泉純一郎元首相の懐刀として要職を歴任し、総務大臣として郵政民営化を実現した同氏の凄腕をもってしても、テレビ番組のネット配信問題は腰砕けに終わった。

アメリカの「ブロードキャスティング・アンド・ケーブル」という雑誌を読んでいると、「放送局売ります、買います」の広告を目にすることがある。アメリカの放送業界では業界再編は日常茶飯事だが、日本の放送業界では、この言葉は死語になっている。最後の「護送船団業界」とよばれる所以である。

竹中氏が提起した「なぜ、インターネットでテレビの生放送が観れないのか」との素朴な疑問の解決にはさらに10年以上、待たなければならなかった。これについては後述（1－9参照）するが、そうこうしているうちに2015年にネットフリックスが日本市場参入を発表すると、黒船騒ぎになった。2004年にアップルが音楽配信で日本市場に参入した時とまったく同じ現象である。米国ではアップル、ネットフリックスとも業界の外から破壊的イノベーションで参入し、急成長すると同時に業界地図も塗り替えてしまった。

対して、放送業界も含め日本の産業界は岩盤規制に守られた参入障壁で、こうした破壊的イノベーションをなんとか食い止め、既存の業界秩序の破壊を当座は免れてきた。しかし、国内では参入障壁に守られて温室育ちの日本勢は、破壊的イノベーションで急成長を遂げた米国勢が参入してくると、日本市場まで草刈り場にされてしまう歴史を繰り返している。

1-6　シリコンバレーの起業インフラ

アンドリーセン氏の「なぜソフトウェアが世界を飲み込むのか」に戻る。

Google, Amazon, eBay さらに多くの企業といった、最近の巨大テクノロジー企業の多くがアメリカの企業であるということは偶然ではない。偉大な研究大学、リスクに前向きなビジネス文化、イノベーションを追求する大量のエクイティー資本、そして信頼のあるビジネス法および契約法は、全世界においても前代未聞であり、比類ないものである。

シリコンバレーには「偉大な研究大学」として、スタンフォード大学やカリフォルニア大学バークレイ校がある。そうした大学の研究をサポートした「信頼のあるビジネス法」の一つにバイドール法がある。1970年代後半の米国経済の国際競争力低下を背景として、米国特許商標法に1980年の改正で盛り込まれた修正条項で、バーチ・バイ、ロバート・ドール両上院議員の提案によるため「バイドール法」と呼ばれる。連邦政府の支援を受けて研究・開発した発明の権利を大学側に帰属させることを定めた改正である。バイドール法によってスタンフォード大学を中心に大学の研究成果を企業に移転する動きが活発化、企業などによる技術開発が加速され、新たなベンチャー企業が生まれるなど、米国産業が競争力を取り戻すこととなったと言われている。

日本でも1999年に施行された「産学活力再生特別措置法」第30条で、「日本版バイドール法」とよばれる制度が導入され、現在では2007年に産業技術力強化法として恒久法となった同法第17条に規定されている。

しかし、シリコンバレーに味方した「信頼のあるビジネス法」の極め付きはなんといっても著作権法である。米著作権法には利用目的が公正であれば、著作権者の許諾なしの利用を認めるフェアユース規定がある。グーグルは二度にわたる10年越しの訴訟でフェアユースが認められた。最初は2004年にはじめた書籍検索サービス、グーグルブックスに対する訴訟である。

地球上のあらゆる情報を整理して、アクセス可能にすることを企業ミッションに掲げたグーグルは、ウェブ情報に続いて書籍に着目した。出版社や図書館から提供してもらった書籍をデジタル化し、全文を検索して利用者の興味にあった書籍を見つけ出すグーグルブックスに対して、2005年図書館の蔵書を無断スキャンされた作家組合などが訴訟を提起。グーグルは検索用データベース作成のために全文を複製するが、検索結果はスニペッド（抜粋）表示するだけなのでフェアユースであると主張した。

この訴訟は一時和解が試みられたため長引いたがニューヨーク南連邦地裁（2013年）、第二巡回区控訴裁判所（2015年）ともグーグルのフェアユースを認めた（グーグルブックス訴訟の詳細については城所岩生編著、山田太郎、福井健策ほか著『著作権法50周年に諸外国に学ぶデジタル時代への対応』（インプレスR&D）第5章の拙稿「フェアユース規定の解釈で対応した孤児著作物対策先進国・米国」参照）。

二度目が第4章で紹介するスマホ向けOSアンドロイドをめぐるオラクルとの訴訟。

グーグルの子会社ユーチューブも次節のとおり、フェアユースの恩恵を受けた。

1-7　米プラットフォーマーの援軍となったデジタル・ミレニアム著作権法

ユーチューブが世界的にヒットした要因にはフェアユースもあるが、1998年に制定されたデジタル・ミレニアム著作権法（Digital Millennium Copyright Act, 以下、「DMCA」）も強力な援軍となった。

ＤＭＣＡの大きな特徴が、検索エンジン、動画サービスなどのサービス・プロバイダーは著作権侵害の責任を負わなくてもいいという条項である。結果、この条項は、ネット関連サービスの発展に大きく寄与した。ＤＭＣＡではプロバイダーは法律に定める要件を満たしていれば、責任を免除される。

具体的には、①著作権者から侵害の通知を受けたら、コンテンツを削除して、情報の発信者（動画などのコンテンツをアップロードした人）に通知　②情報の発信者から「再アップロードしてほしい」という要請があれば、復活要請があった旨、著作権者に通知した後、情報を復活という手続きが認められた。

例えば、２００７年、1歳半の息子が流れてきた音楽に合わせて踊る29秒間のビデオを母親が撮影して、ユーチューブにアップした。"Let's Go Crazy" #1 というタイトルのこの動画は２０１７年12月までに１９０万回もアクセスされたが、この動画に対して楽曲の著作権を管理するユニバーサルミュージック（以下、「ユニバーサル」）がユーチューブに削除するよう求めた。ユーチューブは動画を削除後、その旨を母親に通知。通知を受け取った母親が「削除しないでほしい」と要請したので、ユーチューブは動画を復活させた。いずれもDMCAに従った手続きである。

同時に母親はユニバーサルの「虚偽の表示」によってコンテンツを削除されたとして、ユニバーサルを訴えた。虚偽の表示とは、「これはフェアユースにあたらない違法コンテンツである」と誠意を持って信じた上で削除を要請すること。虚偽の表示をした者（ここではユニバーサル）は、それによって損害を受けた者（ここでは母親）に対して損害賠償責任を負わなくてはならない。

2015年、カリフォルニア北連邦地裁は母親の主張を認め、ユニバーサルは削除要請を出す前にフェアユースにあたるかどうかチェックすべきであったとした。権利者にとっては酷なようだが、フェアユースで

"Let's Go Crazy"#1（YouTube）

あれば侵害にはならないため、フェアユースかどうか確認せずに、「これはフェアユースにあたらない違法コンテンツである」と誠意を持って信じた旨を記した上で削除要請してしまうと、「虚偽の表示」をしてしまうことになる。

フェアユースはベンチャー企業の資本金と呼ばれるようにグーグルなど米IT企業の成長に貢献したが(後述6－3、6－5参照)、DMCAもユーチューブなどの米プラットフォーマーの躍進に貢献。

日本では、母親が音楽に合わせて踊っている子どものビデオを動画共有サイトに投稿した場合、フェアユース規定がないため、著作権者が削除してほしいと言えばプロバイダーは当然削除する。このため、"Let's Go Crazy" #1の動画は10年間で190万回も再生されることなくお蔵入りになってしまう。

また、フェアユースの最大の受益者はユーチューブの親会社グーグルだが(第4章参照)、"Let's Go Crazy" #1事件にみられるようにユーチューブも恩恵を受けている。一方、DMCAの最大の受益者はユーチューブだが、グーグルも恩恵を受けている。検索エンジンだけでなくグーグルニュースのようなコンテンツも提供しているからである。

ＤＭＣＡもグーグル、ユーチューブやフェイスブック、ツイッターなど米プラットフォーマーの強力な援軍となったのである。アンドリーセン氏の指摘するシリコンバレーに味方した「信頼のあるビジネス法」の極め付きはなんといっても著作権法であるとした所以でもある。

対照的に日本のプロバイダー責任制限法はＤＭＣＡほどプラットフォーマーに好意的ではないが、裁判所もそれを厳格に適用する傾向があるため、プラットフォーマーが育たず、米国勢に日本市場まで草刈り場にされてしまっているが、これについては後述する（６－３参照）。

1-8 ヨーロッパや韓国の公共放送に10年以上遅れたＮＨＫの番組ネット配信

竹中放送改革はキー局が番組をネット配信した場合の地方局の経営の問題などへの配慮から踏み込み不足の結論に終わってしまった。業界再編を死語にしている放送の護送船団業界ぶりが浮き彫りになるのは、業界誌で「放送局売ります、買います」の広告を目にするアメリカの放送業界との対比からだけではない。

同じく地方を商圏とする国内の地銀は、１９８９年の68行から41行へと30年間で40％減少したが（池原冨貴夫「地銀１０３行の60パーセントが減益に！　危ない地銀はここだ・金融庁『大再編』へ」、『THEMIS』２０２０年2月号）、地方局は１２２局のまま。

Ａ．Ｔ．カーニーの吉川尚宏パートナーは、「いつまで護送船団方式を続けるのか、放送のネット同時配信」（日経ニューメディア、２０１７年10月2日）で、「9月30日に開催された総務省の『放送を巡る諸課題に関する検討会』でＮＨＫのネット同時配信に関して、サービス開始時の基本的な考え方を提示した」。その上で「２０２０年の東京オリンピック・パラリンピックを常時同時配信により伝えることができるよう２０１９年度にサービスを開始する、など8つの方針示した」と紹介。日本民間放送連盟の慎重な議論が必要であるとの指摘を紹介した後、「ＮＨＫは決してドミナントな存在ではない」点を数字で示しながら、以下のように続ける。

スケジュール優先は本当なのだろうか。既に英国ではＢＢＣがインターネットサービスであるIP layerを２００７年12月にリリースしており、フランス、ドイツ、イタリア、韓国の各公共放送局でもネット配信を既に実現している。２０２０年の東京オリンピック・パラリンピッ

クという節目を前にサービスを提供することはスケジュール優先とはいえないであろう。
民放連によるNHK批判はおそらくキー局の声ではなく、地方ローカル局の声を代弁したものであろう。しかし、かつての金融行政とその末路をみるまでもなく、護送船団方式ではイノベーションは産まれない。ましてや消費者にメリットのあるネット同時配信をわざわざ遅らせようという主張を、国民の資産である電波を割り当てられた放送事業者がなすのは如何なものか。

護送船団方式でイノベーションが生まれない実例として、金融行政を挙げているが、その金融業界でも前述のとおり、地銀の数は30年間で40％減の41行まで減った。過去70年間122局のままの地方局の数の多さは際立っている。

1－9　東京オリンピックでようやく実現した竹中放送改革

竹中放送改革から10年以上経過した2019年5月の放送法改正でNHKの常時同時配信が認められた。東京オリンピック・パラリンピックという追い風も味方してようやく実現した同時配信に至るまでの法改正の動きを図表1・3にまとめた。

２００６年の著作権法改正および２００７年の放送法改正は前述（１－６）、竹中懇報告書の提言を受けての改正。この改正により、インターネットを通じて通信として番組を配信するＩＰマルチキャスト（ＩＰ放送）は、テレビで放送するのとは別に著作権処理を行う必要があったのを著作権法上も放送として扱われるようになった。

２０１９年の放送法改正

図表 1.3 番組インターネット配信関連法改正の推移

	著作権法	放送法
2006 年	IP マルチキャスト放送による放送の同時再送信が可能に	
2007 年		NHK が放送した番組アーカイブの有料でのインターネット配信が可能に
2009 年	裁定制度（著作権者が所在不明の場合に文化庁長官の裁定を受けて利用できるようにする制度）は著作権者だけが対象だったが、実演家（俳優）が所在不明の場合も裁定制度を利用可能に	
2014 年		NHK のインターネット活用業務について、恒常的な業務としてすでに認められている NHK オンデマンド、NHK オンラインのほかラジオ・テレビ国際放送のインターネット同時配信、ラジオ番組のインターネット配信（らじる★らじる）などにも拡大
2019 年		NHK のインターネット活用業務をテレビ番組の常時同時配信にも拡大
2021 年	放送番組のインターネット同時配信について、放送と同様の円滑な権利処理を実現	

注：同時配信とは直接関係ないが、放送法は 2010 年にもデジタル化の進展に対応するため、通信・放送を融合した通信・放送法体系を見直す大改正が行われた。

は前述（1－8）の日経ニューメディア記事で紹介した総務省の「放送を巡る諸課題に関する検討会」が2018年9月にまとめた報告書にもとづく改正である。この改正によって同時配信ができるようになったNHKは2019年10月、実施基準案を総務省に認可申請したが、9月に就任した高市早苗総務大臣はNHKが認可申請した常時配信の実施基準案に対して見直しを求めた。

異例の待ったをかけられたNHKは同時配信については、効果を検証しながら段階実施するなど注文を受け入れた改革案を年末に提出、翌2020年1月に総務省の認可を得た。こうして、「放送を巡る諸課題に関する検討会」が2015年11月に検討開始してから4年経過して、NHKが当初要望した常時ではなく、常時でない同時配信がようやく実現した。

効果を検証しながらの段階実施について、NHKは毎年度発表する「インターネット活用業務実施基準」（以下、「実施基準」）で、2019年度内の試験実施時は1日17時間、2020年度は18時間、2021年度は19時間と小刻みに時間を増やしてきた。NHKは実施基準でこのサービスを「常時同時配信とみなす」として、NHKプラスという名称のこのサービスを常時同時配信と呼んでいる。しかし、24時間常時同時配信が実現したのは2022年度になってからと、2007年からiPadとiPhoneの専用アプリ向けに配信を行うなど同時配信に積極的だったBBCから15年遅れてのスタートとなった。

2019年の放送法改正で、インターネット活用業務をNHKオンデマンドなどに加え、テレビ番組の常時同時配信にも拡大できるようになったNHKは、2020年4月から「NHKプラス」を本格実施した。これにより、番組のネット同時配信のほか、見逃し番組配信サービスを提供したが、ネット配信には放送の許諾とは別に権利処理が必要になるため、「NHKプラス」では、総合テレビで9%程度、教育テレビで30%程度もの「フタかぶせ」(権利処理ができなかったことによる映像・音声の差し替え)が生じている状況だった(2020年6月時点、川崎祥子「令和3年著作権法改正の国会論議:図書館関係の権利制限規定の見直しと放送番組のインターネット同時配信等に係る権利処理の円滑化」『立法と調査』2021年7月号)。

2021年の改正前の著作権法では学校教育番組の放送や国会などでの演説の利用など、一定の場合には、権利制限規定に基づき、権利者の許諾なく著作物などを「放送」することが可能だった。しかし、「同時配信等」を行う場合には、これらの権利制限規定が適用されず、権利者に事前に許諾を得る必要があり、「同時配信」のほか「追っかけ配信」(放送が終了するまでの間に配信が開始されるもの）、「見逃し配信」（以下、「同時配信等」）が円滑に実施できないおそれがあった。
改正法は、「放送」では権利者の許諾なく著作物などを利用できることを定める権利制限規定について、すべて「同時配信等」にも適用できるよう拡充した。

1-10　なぜこれほど時間がかかったのか

内山隆青山学院大学教授はNHKの同時配信実現に4年以上かかった理由を以下のように説明する（「青山学院大学総合文化政策学部・内山隆教授に聞く　改正著作権法とガイドラインの狙いは何か」『月刊ニューメディア』2022年1月号）。

これほど時間がかかったのはなぜか。

内山　総務省や規制改革会議は視聴者や事業者側の立場で、文化庁は権利者を守る立場と言う構造ゆえ。さらに放送局側も、受信料体制のNHKと広告収入の民放で、同時配信についての積極性に大きな違いがあった。

ジャーナリストの原真氏はNHKのこの20年間の動きを以下のように総括する（『公共メディアへ～変貌するNHK』『民間放送70年史』（日本民間放送連盟、出版文化社）。

NHKのこの20年間を振り返ると、インターネット進出がなかなか実現せず、不祥事が続いたこともあって、政治に翻弄されてきた姿が浮かぶ。

NHKオンデマンドが始まった2008年、英国では、すでに前年から見逃し配信を行っていたBBCが同時配信もスタートさせた。日進月歩のネット時代に、日本の同時・見逃し配信は英国より12～13年遅れた。仮にNHKがBBCと同時期にネット進出を本格化させていれば、民放も追随し、ネットにおけるテレビの存在感は21年の現状よりはるかに大きくなっていたかもしれない。

先進諸国と違い日本では、テレビを持っていないと、ネットで公共放送を見られないという不可思議な状態になっている。受信料制度の改革は必須だ。NHKの政治からの独立性を高める方策とともに、国民的議論が求められる。

『月刊ニューメディア』の吉井勇編集長は「いつまでドアをノックし続けるのだろうか。英国にしても米国にしてもドアの前で悩むのではなく、そのドアから入り具体的な問題にぶつかり、新たなビジネスモデルを磨き上げている。転じて日本の状況を一言で言えば、『いつまで放送業界は鎖国を続けるのか』だ」と指摘する（同誌2017年12月号）。

新たなビジネスモデルを磨き上げている好例が、ユーチューブやネットフリックス。週刊ポスト3月11日号の「ドン・キホーテのヒット商品にNHKが悲鳴を上げた　なぜ『受信料不要テレビ』はバカ売れするのか？」と題する記事は、ドン・キホーテが2021年12月に発売した「ネット動画専用スマートTV」が空前のヒット商品となった背景を分析している。

記事の中で、嘉悦大学教授で元内閣府参与の高橋洋一氏は、「現在のNHKの番組はスポーツやバラエティーなどエンタメばかりで、〝民放化〟が進み、すべての番組に公共性があるとは言えません。しかもネットフリックスが月額1000円程度で見られるのに対し、NHKは倍の月額2220円、視聴者が納得しないのは当然です」と指摘する。

ネットフリックスでは見られないニュースもユーチューブで視聴できる。ニュースではないが、筆者は年末年始恒例の大晦日のベートーヴェンの交響曲第9番とウィーンフィルのニューイヤーコンサートの演奏を最近はユーチューブで視聴している。

このようにシリコンバレー発のテレビ局ともいえるユーチューブやネットフリックスは米4大ネットワーク局を圧倒し、世界も席巻しつつある。

高橋氏は「テレビ局がネット配信をしないのでネットフリックスなどの動画配信サービスがどんどん伸びていった。受信料不要テレビの台頭に拍車をかけたのは、民放の消極的な姿勢です」とも指摘する。

1-11 テレビのリアルタイム視聴時間を超えたネットの利用時間

総務省情報通信政策研究所「令和2年度情報通信メディアの利用時間と情報行動に関する調査」は平日1日のテレビとインターネットの利用時間の過去5年間

図表 1.4 テレビとインターネット利用時間の推移

（平日１日）		平均利用時間（単位：分）	
		テレビ（リアルタイム）視聴	ネット利用
全世代	2016 年	168.0	99.8
	2020 年	163.2	168.4
20 代	2016 年	112.8	155.9
	2020 年	88.0	255.4
60 代	2016 年	259.2	46.6
	2020 年	271.4	105.5

出典：総務省情報通信政策研究所「令和２年度情報通信メディアの利用時間と情報行動に関する調査」をもとに作成。

の変化を世代別に調査した結果を発表している。この調査から全世代のほか20代と60代を抜き出した図表1・4によると、全世代ではテレビが減少しているのに対し、ネットは急増しているが、注目すべきは2020年にはネットの利用時間がテレビのリアルタイム視聴時間を上回ったこと。20代はテレビの22％減に対し、ネットは64％増と巷間言われる若者のテレビ離れを裏付けるのに対し、テレビ世代の60代はテレビも5％増と微増してはいるが、ネットは2・3倍に急増していることである。

2020年にはネットの利用時間がテレビのリアルタイム視聴時間を上回ったが、ドン・キホーテがチューナーレステレビを発売したのは2021年12月。チューナーのない分通常のテレビより価格が安い上にNHKの受信料不要とあってヒット商品となったが、ドン・キホーテの成功を受けて他社も追随するなど、視聴者のテレビ離れはますます加速しそうな勢いを示している。

1-12 民放テレビ局のネット配信事業の見通し

以上、放送業界の話が長くなったが、この業界は県域免許制度やネット配信に好意的でない著作権法、放送法などの法制度、人口減にもかかわらず地方局の数を70年間減らさなかった護送船団行政などに守られて、創造的破壊を怠った。そのツケが回ってきて、黒船に市場を席巻されるなど日本の敗北を象徴するような業界だからである。

米UUUM顧問の鳩山玲人氏は週刊ダイヤモンド誌（2020年9月26日号）のインタビューで、日本のテレビ局が立ち上げたParavi, TVerなどの今後について、米国勢の現状を参考にしつつ三つのポイントを挙げる。一つ目はけた違いの企業規模、二つ目はコンテンツへの投資額。

これについては、2021年1月21日付、週刊実話の「テレビドラマから人気俳優が消える⁉黒船『ネットフリックス』の脅威」は、コンテンツ投資に金を惜しまないネットフリックスの日本制作のドラマに「日本を代表する旬な俳優陣が目白押し」していると指摘。その理由を日本のドラマの10倍近いギャラと世界同時配信が可能になることを挙げ、以下のように続ける。

「ネットフリックスに出演すれば、それだけで海外に向けたPRになり、運が良ければ米ハリウッドから声が掛かるかもしれない。日本のテレビドラマなんて、もはや出演する意味が見当たらないんです」（ネット配信事情通）。

日本のテレビドラマはもはやオワコンか。

鳩山氏は日本のテレビ局が立ち上げたネット配信サービスの今後を占うポイントの三つ目に「企業のディスラプション（創造的破壊）」を挙げ、「今の米国のサービスは買収や再編が繰り返されてできました。日本でそれが起こらないとすると、テレビ業界がいっそう旧メディアと呼ばれる日が来ると思います」と指摘する。

業界再編を死語にしてきた放送業界にとっては耳の痛い話だが、視聴者のテレビ離れが懸念される中、オワコン化しないためには避けて通れない道である。

アンドリーセン氏はネットフリックスに対抗した伝統的メディアの対応を以下のように紹介した。

Netflix社がBlockbuster社（ＤＶＤレンタルビジネス最大手）を骨抜きにしたかは古い逸話となっているが、今、その他の伝統的なエンターテイメント会社がまさに同じ脅威に直面している。Comcast社、Time Warner社などの各社は、TV Everywhereといった、映像コンテンツを物理的なケーブルから解き放ち、スマートフォンやタブレットに提供するなどして、自社をソフトウェア企業へと変革することで対応しようとしている。

これは10年以上前の話だが、現時点で伝統的企業がソフトウェア企業へ変革することで対応している好例としてはディズニーがあげられる。持ち前の豊富なコンテンツをネット配信することでネットフリックスを猛追している。

内山教授も指摘するように、受信料体制のNHKと広告収入の民放では置かれた状況が異なるため、同時配信に対するスタンスの違いが出るのはわからないではない。だからといってユーザーの利便は二の次にして、業界の論理を押し通す理由にはならない。米国の伝統的コンテンツ企業のように創造的破壊者に対しては、自分たちも創造的破壊によって対抗する以外ない。

創造的破壊は岩盤規制の日本では難しいと言われるかもしれないが、要は利用者のニーズに合った新たなビジネスモデルを構築することである。

ヨーロッパや韓国の公共放送に周回遅れのNHKの同時配信を決めるのに費やした4年以上の時間とエネルギーをもってすれば、それほど難しいことのようには思われない。視聴者のテレビ離れが進む中、生き残りのための新たなビジネスモデルの模索に傾注すべきである。

第2章

世界の最先端を走っていた
Ｐ２Ｐ技術の商用化を
遅らせたウィニー事件

2-1　ウィニー事件とは

ウィニー事件について、2023年3月に公開された映画『Winny』では「ネット史上最大の事件」と紹介されているが、ネット史上にかぎらず「史上最大の事件」といえるかもしれない。学術書出版社の有斐閣は判例百選シリーズを出版している。法律ごとにこれまでの代表的事件を100前後選んで専門の学者や弁護士が判決を紹介し、解説を加えている。ウィニー事件は六法の刑法判例百選のほか、著作権判例百選、メディア判例百選の3冊の判例百選で紹介されているからである。

ウィニー事件については弁護団の事務局長を務めた壇俊光氏が『Winny　天才プログラマー金子勇との7年半（NextPublishing）』（インプレスR&D、以下、「金子勇との7年半」）を出版。自身のブログを元に裁判の経緯を追いながら、金子氏の人物像、Winnyの核心を小説としてわかりやすくまとめている。裁判の経緯を紹介するこの章の性格上、金子氏の人物像については触れないが、私も興味深く読んだので、ぜひ一読をおすすめする。

私は言論プラットフォーム「アゴラ」への以下の投稿でこの本を紹介した。

・「Winny天才プログラマー金子勇との7年半」を読む①〜⑤
・Winny栄光なき天才：金子勇の悲劇を繰り返さないために（上）（中）（下）①②

（いずれもアゴラのホームページから「城所岩生」で検索するとヒットする）

以下、アゴラの投稿などをもとに「金子勇との7年半」を紹介するが、その前にウィニー事件の概要を説明する。

なお、「金子勇との7年半」には通しの節番号がついているので、引用箇所は節番号と節のタイトルを（　）内に表記した。引用については、アゴラへの投稿時に著者の了解を得ている。また、「金子勇との7年半」ではWinnyなどの固有名詞を英文表記しているので、引用箇所では原文どおり表記した。

2002年、元東大大学院特任助手の金子勇氏はP2P技術を利用したファイル共有ソフト「ウィニー」を開発し、2チャンネルで公開した。P2PはPeer to Peerの略で、「仲間から仲間へ」という意味のとおり、コンピューター同士を直接接続して、お互いの持つ情報をやりとりする通信方式である。

翌2003年、ユーザー2人がウィニーを利用して、他人の著作物をネット上にアップしたため、著作権法違反の容疑で逮捕された。2004年には、ウィニーの公開、提供行為が2人の正犯による犯行の幇助《ほうじょ》に該当するとの容疑で、金子氏自身も逮捕、起訴された。

包丁が犯罪に使われるからといって、罪に問われるのは作った者ではなく、使った者である。ところが検察は「ソフト開発と配布によって、著作物を違法に流通させた2人の正犯の犯罪行為を幇助した」として、金子氏の有罪を主張。

第一審の京都地裁は幇助罪の成立を認める判決を下した（2006年）。しかし、大阪高裁は逆転無罪とし（2009年）、最高裁もこれを支持した（2011年）。最高裁判決は法執行機関の性急な捜査、起訴を次のように戒めた。

本件において、権利者等からの被告人への警告、社会一般のファイル共有ソフト提供者に対する表立った警鐘もない段階で、法執行機関が捜査に着手し、告訴を得て強制捜査に臨み、著作権侵害をまん延させる目的での提供という前提での起訴に当たったことは、……性急に過ぎたとの感を否めない。

2-2　性急な捜査、起訴が与えた影響

一罰百戒を狙ったのかもしれないが、性急な捜査、起訴がイノベーションに与えた悪影響はあま

りにも大きかった。捜査当局が金子氏を逮捕した後、ウィニーの改良を禁じ、欠陥を修正できなくしたことによって、自衛隊や裁判所、刑務所、病院といった公的機関の情報が大量に流出し、回収不能となった。2006年には安倍官房長官（当時）が国民に利用自粛を要請するに及んで、ウィニーはすっかり悪役になってしまった。

世界にも例のない開発者の著作権法違反幇助罪での逮捕、起訴は金子氏個人にとってだけでなく、国にとっても大きな損失だった。「日本のインターネットの父」とよばれる村井純慶応大教授は、ウィニーを「ソフトとしては10年に一度の傑作」と評価した（日経産業新聞　2004年5月25日）。

金子氏の訃報を報じた2013年7月12日付、msn産経ニュースは、村井氏の「ひょっとしたらウィニーがビジネスの基盤に育っていた未来があったかもしれない。ただただ残念だ」との談話を紹介した。村井氏の予言どおり、ウィニーの技術はビットコインやNFT（Non-Fungible Token：代替不可能なトークン）などに使用され、最近脚光を浴びているブロックチェーン技術の先駆けとも言われている。

2012年4月、幕張メッセで金子氏の講演を聴いた私は、質問の冒頭で、「金子さんは日本人に生まれて不幸だったかもしれない。なぜなら欧米版ウィニーを開発した北欧の技術者は、金子さんのように後ろ向きの裁判に7年半も空費させられることなく、その後、無料インターネット電話のスカイプを開発して、億万長者になったからです」と述べた。

その時は、まだ若いので、これから十分取り戻せると思っていたが、1年後に42歳の若さで急逝した。しかも「7年半もの月日を裁判に費やした彼が、再び研究者として過ごすことができたのは半年だけであった」(「エピローグ」より)。

「金子勇との7年半」には「栄光なき天才金子勇の無罪までの7年半」という帯がついている。帯文のとおり、日本の司法が金子氏を「栄光なき天才」にしてしまったのである。

壇氏は2009年11月20日、成蹊大学で行われた講演で、「刑事罰による技術開発への萎縮効果は抜群だった」と指摘し、次のような具体例をあげている。

「P2P関連予算がつかなくなった」

「技術者が著作権のグレーゾーンにふれる技術開発をしなくなった」

また、ソフトウェアが悪用されると、その開発者が罪を負わなければならないおそれが出てきたため、研究者の間に不安が広がり、開発したソフトウェアは海外で発表するように指導する教授もいたようだ。金子氏もそうすべきだったかもしれない。

2-3　億万長者になった欧米版ウィニーの開発者や米国の天才プログラマー

ウィニーと同じ技術を開発して億万長者になった技術者は、スウェーデン人のニクラス・センストロム氏とデンマーク人のヤヌス・フリス氏である。2人は2001年に欧米版ウィニーの「カザー」を開発。その後、インターネット通話のスカイプを開発し、2003年にスカイプ社（本社・ルクセンブルク）を設立した。利用者同士が無料で国際通話ができることから、同社は急成長を遂げた。2005年に2人はネットオークション大手のイーベイに26億ドル（当時のレートで2900億円、以下、円換算は当時のレートを使用）でスカイプ社を売却し、億万長者となった。

そのカザーについて村井氏は「Kazaa っていうボロ Winny ですら Skype を生んだんだ」と酷評している（「23・ミスターインターネット」より）。欧米はボロ Winny 開発者を億万長者にしたのに対し、日本は本物の Winny 開発者を潰したわけである。

億万長者になったのは北欧の技術者だけではない。ウィニーが採用するP2P技術自体を開発したアメリカの技術者も億万長者になっている。1998年、ボストンの大学1年生だったショーン・ファニング氏は、P2P技術を使って、音楽ファイルを共有できるナップスターを開発。翌1999年、大学を中退して1歳年上のショーン・パーカー氏とともにナップスター社を設立。ファニング氏は2000年10月にはタイム誌の表紙に掲載されるなど時の人になった。

ナップスターに対しては全米レコード協会（RIAA）などが著作権侵害で訴え、第9巡回区控訴裁判所は2001年に侵害を認める判決を出した。この判決で音楽ファイル無料交換の停止を命ぜられたナップスターは、会員制の有料交換サービスに生き残りをかけたが成功せず、結局サイト閉鎖に追い込まれた。

ナップスターがビジネス化に失敗する中、音楽配信サービスの将来性を見抜いたのがアップルのスティーブ・ジョブズ氏で、2003年に音楽配信サービスiTunesストアを立ち上げた。事業化に成功したのはジョブズ氏だが、CDという媒体に依存していた音楽の流通システムを根本的に変えるきっかけを作った、2人のナップスター創業者の物語は、2013年に『ダウンローデッド』という映画になった。

パーカー氏はフェイスブックの創業にも貢献し、初代社長も務めた。このため、2010年にフェイスブックの興隆を映画化した『ソーシャル・ネットワーク』にも登場。フェイスブック以外のベンチャー企業にも投資。ファニング氏もウーバーなどのベンチャー企業に投資、2人とも億万長者になっている。

P2P以前に、そもそもインターネットの入り口ともいえるブラウザー（ホームページを閲覧するソフト）を発明したアンドリーセン氏は、高校時代に地元の図書館からプログラミングの本を借りて、その日のうちにプログラムを書いたというほどの天才技術者だが、金子氏の天才ぶりもひけを取らない。以下は（「1・金子勇あらわる」より）からの抜粋である。

彼も電器屋でプログラミングをしてゲームを作っていた。ただ、作ったゲームのクオリティがあまりに高いので、お店の方からデモで使わせて欲しいと頼まれる程だった。彼の回りにはいつも人だかりである。

生まれも金子氏の1970年に対し、アンドリーセン氏1971年と同年代の二人の対照的なその後の人生を見るにつけ、金子氏を栄光なき天才にしてしまった日本の捜査当局の勇み足が悔やまれる。

2-4　ありえないと思っていた起訴（「3・あの一言が全ての始まりだった」より）

当時手がけていた別の事件の関係でウィニーの存在を知り、「コロンブスの卵のようなソフトだと思っていた」壇氏は以下のように続ける。

また当時の日本では、DRM（デジタル著作権管理）を実装したデジタルコンテンツをファイル共有ソフトで流通させるというビジネス化への新しい試みが始まりつつあった。まだ、iTunesもYouTubeもない時代に、である。

このようなP2Pの商用化の流れもあり、民事事件であればともかく、刑事事件となることはありえないと私は思っていた。将来、巨大な利益を生む可能性のあるプログラムを警察の判断で潰すようなことはないだろうと。

（中略）

そんな甘い気分は2004年5月10日にぶっ飛んだ。金子勇が逮捕されたというニュースが飛び込んできたのである。

欧米の技術者は開発したソフトで金儲けしようとしたのに対して、金子氏はソフトを開発しただけだった。にもかかわらず刑事訴追され、一審では有罪とされた。しかもナップスターやカザーは民事訴訟で、ウィニーのような刑事訴訟ではない。米国の著作権法にも刑事罰はある。ナップスターは会社側の発表によれば、ピーク時には全人口の4分の1にあたる7千万のユーザー数を誇るほど猛威を振るった。それでも起訴には踏み切らなかった。

最高裁判決が「権利者等からの被告人への警告、社会一般のファイル共有ソフト提供者に対する表立った警鐘もない段階」での法執行機関の性急な捜査・起訴を戒めたとおり（前述2－1参照）、民事事件に発展する可能性も低い状況下、壇氏が刑事事件になることはありえないと思っていたのも十分うなずける。

2－5　えん罪を生む日本の悪しき取調べ（「6・協力？　凶力？」より）

逮捕された2日後である2004年5月12日、接見担当の京都の弁護士から接見の報告が入った。

どうも金子が、

「いろんな人が来てごちゃごちゃしているので、整理してもらえませんか？」
と言っているらしい。やばい……。
（中略）その時点では弁護団が結成されておらず、個々の弁護士がバラバラに接見に行ってい
た。情報も錯綜していた。（中略）被疑者がこのようなことを言うときは、得てして弁護人に
不信感を持っているときなのだ。

捜査弁護は検察と弁護側の綱引きである。被疑者が弁護側よりも捜査側になびいている場合、お巡りさんの作文したでっち上げの調書に署名して事件は最悪の結果となる。被疑者はなぜか自分で捜査側の取り調べに対応できるという幻想を抱きがちである。おそらくドラマの見過ぎであろう。

実際には、取調室は密室である。取調室で一生懸命、自分の潔白を語ったとしても、そんなことは調書には記載されない。捜査側にしてみれば、被疑者を有罪にするための証拠である調書に被疑者に有利なことを書くわけがないのだ。逆に操作側(原文ママ)が作文した調書であっても署名をした瞬間、刑事訴訟法上は自分が喋ったものと同じに扱われる。そして裁判所は相当不合理な内容の自白調書でも自ら認めたから信用できるという理由で、自白の信用性を認め

て有罪にする。多くのえん罪はこのような日本の悪しき取り調べが生んだのである。

何も知らない人は、そんな不利な調書に署名をするわけがないと思うかもしれない。しかし、そこを署名させるのが捜査側のテクニックであり、ドラマに出てこない部分なのである。

とにもかくにも被疑者の混乱を解消する必要がある！


接見に駆け付けた壇氏は弁護団が結成され、事案の把握を急いでいることなどを伝え、混乱の解消に努め、最後に、

「自分が納得いかない調書に署名しないように」

と言ったところ、彼から、

「はぁ……」

と気の抜けたような返事が返ってきた。

彼には、自分が納得していない場合にそう答える癖があるのを知ったのは、ずいぶん後のことである。

その日の夜の取り調べで、彼が検察の作文した調書に署名したというのを知ったのは翌日の朝の接見報告を見てのことである。被疑者は勾留の前に裁判所に行き、その際に裁判所から容疑に関して罪を認めるか等の質問を受けた。これを勾留質問というが、勾留質問時の発言は調書に記録される。彼は12日に拘留質問で裁判所に行ったところ、著作権侵害を蔓延《まんえん》する目的でWinnyを作ったという点については否定したのである。

著作権侵害蔓延目的ではない。それは真実そのままなので、彼が裁判所で答えたのは当然である。しかし、その報告を聞いて慌てたのは、著作権侵害目的で「自白を取れた！」と思い込んでいた検察官である。その日の夜に警察まで行って、「裁判所での発言は嘘です。弁護士に入れ知恵されたのでそう言ったのです」という調書を作文して、金子に署名を迫って署名させたのである。

(中略)

接見室に入ってきた金子に対して、私は、

「ここではどんな調書に署名しても、裁判所で正しいことを喋れば、裁判官は自分のことを信用してくれるはずだと思っていませんか？」

と聞いた。すると彼は
「はい」

ときっぱり答えたのである。

（中略）

そこで、私は、

「日本の裁判所はそんなに甘くないですよ。そんなことでどうするのですか。迷惑かけて日本の技術者はどうなるのですか」

と言いながら、支援者からのメールをプリントしたものを取り出した。

（中略）少しの沈黙の後、

「わかりました。私は、自分のためじゃなく、みんなのために戦います！」

（中略）

金子が完黙（カンモク）、つまり捜査側の質問に一切答えないようにしたことを知ったのは、翌日の朝の接見報告である。検察官は「最初話を聞いてくれるような感じだと思っていたが、信用できないとわかったので黙秘することにしたと言った」ということが報告されていた。

（中略）

後日、なぜ、何でもかんでも署名していたかについて話を聞く機会があった。そのとき、彼は、

「いやー、天下の警察・検察が署名しろと言ったから、まぁそういうものかと思ったんですよ。ちょっと協力的すぎましたかね。ハハハ」

2-6 組織をあげて有罪に陥れようとした検察（「7・ファーストインパクト」より）

この事件の担当検察官である伊吹検事は、出世街道まっしぐらのエリートと聞いていた。実際に伊吹検事に会った時の印象は、とてもわかりやすい官僚の風体だった。彼は私たちに席を勧めた。

（中略）

「今日来たのは、検察官が、この事件をどうしたいかをお伺いしたいと思いまして」

私の少し慇懃無礼な質問に対し、これまたいかにもお役人答弁よろしく伊吹検事は答えた。

「まだ、なにも決めてるわけではないですよ」

その発言は、何も決めてないわけがない。むしろ、何としても起訴するつもりであることが

ヒシヒシと伝わってくるものであった。

「いやいや、これまでの経験だと、有罪がつらい事案について、罰金で落とせるかを打診してくるのが普通なので、検察官がそういうのを言ってこないのはなぜかなと思いまして」

(中略)

「ネットで拝見しましたが、寄附が結構おありになられたそうですね」

検事は論点をずらそうとする。今は、そんな話してんじゃねぇだろ。

そこで、私は核心を聞くことにした。

「検察官はいかなる理由で幇助が成立すると判断されているのですか。今回の事件は、正犯が誰かすら知らない状況ですよね。誰か1人でも悪いことをする人がいたら幇助になるのであれば、自動車なんて殺人幇助以外のなにものでもない。これが罪になると後々まで悪影響が残る。故に私たちも全てをかけて無罪を目指します」

これに対して検事は、

「そういう意見もおありということは、お聞き致しました。証拠を精査して判断したいと思います」

とこれまたお役所回答であった。

頭に来た私は、やんわりと言った。

「検察官、そのわりには、結構、穏やかならない調書を取ろうとされておられたじゃないですか」

「いや……、彼、当初は話をしてくれたのですけどねぇ。途中からなぜか話してくれなくなって」

検事は悪びれる様子も無く答えた。

「貴方が、デタラメな自白をとろうとしたからでしょうが。とにかく、取り調べで恫喝するのをやめてもらえませんか」

検事は署名指印を拒否した瞬間、「お前は責任を取らないのか」と立ち上がって、大声を出して、調書に署名させようとしていたと金子から聞いていた。しかし、検事はこれにも悪びれた様子もなく、

「それは見解の相違で」

と答えた。

その態度に、私は検察が組織のメンツをあげて彼を罪に陥れるつもりであることを確信し、この事件が長い闘いになることを覚悟した。

壇氏の読みどおり、最高裁まで行く7年半におよぶ長い闘いになったが、検察がメンツをあげて金子氏を有罪に陥れるつもりだったとすると、仮に京都地裁で無罪判決だった場合は当然、最高裁まで争ったことになる。となると、地裁判決の結論にかかわらず無罪が確定するのに7年半を要したことになるので、起訴されたことが金子氏の不運のはじまりだったといえる。

2-7 自らの作文を認めた警察（「18・Legend Ga Kita! ──（°∀°）──」より）

2005年1月14日の京都地裁での木村公也警部補への証人尋問で、反対尋問を担当した壇氏が尋問を終わりかけたところへ、木村警部補がペラペラしゃべり出した。

「私たちは、先ほども話かけましたけど、事情聴取はWinnyの機能とかシステムについて聞く予定だったんですけども、取調室において彼が、著作権侵害を蔓延させて、ネット社会の著作権の枠組み見（原文ママ）たいなものを変えるんだ、というようなことをいい出し……」

なるほど、これが言いたくてうずうずしていたことか。

当時検察は、金子が著作権侵害目的でWinnyを作ったということを有罪立証の中核としていた時期である。そこで、ここぞとばかりに喋り出したのである。ホント要らんことを聞いてくれたぜよ……。

しかし、このまま何もなしに尋問を終わったら裁判官の心証は最悪である。とりあえず、反対尋問をさせろと食い下がって、渋る裁判長に次回期日で30分程度の反対尋問の時間を約束させて期日が終了した。

反対尋問は弁護団の中で尋問能力の最も高い主任弁護人の秋田弁護士が担当した。

京都地方裁判所（Wikipedia）

主任弁護人の反対尋問が始まった。主任弁護人は捜査体制における木村警部補の位置付けを確認してから、本題に切り込んだ。

「申述書、前回ちょっと御証言されましたね」

「はい」

「これを金子さんが全部、任意で書いたということでよろしいでしょうか」

「いや、それは違います」

「どこが違うの?」

「それは本人がね、普段、自分、字は書かないから、なんて書いたらいいかわかりませんと言ったので、何かサンプルありませんかと私に言ったわけですね。そのときサンプルなんかないので、じゃあ自分が見本を書いてあげようかということで、自分が見本を書きました」

木村警部補は、意外にすらっとしたことを認めだした。自分の言ったことの重要性を理解していないようである。危機感を感じた検察から異議が飛んでくる。

「主尋問の内容から離れます」

「前回の証言でも、証人自身が証言されておられますので、この点の弾劾は必要かと思われます」

主任弁護人は、異議を退けながら聞き続けた。

「金子さんが作ると言っていたのは、前回の証言だと、誓約書という名前ですよね」

「本人がそういうふうに表現していたようなんですけども」

「Ｗｅｂを閉じたりすることについて、それは誓約してもいいと、もう開かないというようなことも含めてと、そういうことでしたよね」

「そうです」

「申述書という言葉にしたのはあなたですね」

「そうです」

「インターネット上に『満えん』という言葉が出てくるのはわかりますか」

「はい」

このあたりになると、相当やばいと思ったのだろうか、検察の異議もかなり執拗となってきていた。それでも主任弁護人は尋問を続ける。

「この表現は金子氏が使った言葉ですか」

「これは多分そうだと思います。私がサンプルで書いてあるんですけども」

「あなたは2ちゃんねるの金子さんの発言を見たことはあったわけでしょう」

「はい」

「その中に『蔓延』という言葉は一度でも出てきましたか」

「いや、覚えがありませんねぇ」

「著作権団体の調書6ページ上から7行目あたり、著作権侵害が蔓延している状況となったわけですという記載が出てきていますね」

「出てきますね」

尋問の帰趨はここで決まったようである。

実は被告人本人は、これまで蔓延という発言をしたことがないのであった。

お巡りさんは著作権団体の調書で記載しているように、「著作権侵害蔓延」という言葉をキーワードにしていた。

どちらが蔓延を口にしていたかは明らかである。


前述（2－1）のとおり、最高裁判決も「**著作権侵害をまん延させる目的での提供という前提で**

の起訴に当たったことは、……性急に過ぎたとの感を否めない」としている。

とすると、どれだけ裁判所が庇おうとしても、蔓延云々が木村警部補の作文にすぎないことは認めざるを得ないこととなる。

金子の説明では、

「いやーお巡りさんからホームページ閉鎖しろって言われたので、じゃあWinny開発しないという誓約書書いても良いですよって言ったら、よっしゃーて言ってなんか書いたものを持ってきて、これを写すように言われたんです」

「でもいつまでたっても誓約っていう話にならなくて、注意書きは罪を逃れるための詭弁とか書き写したあたりから、さすがにこれは違うって言ったら、急遽口頭で言われてWinnyの開発や配布をしません的なのを書いて終わったんですよね。私、よく分からないから誓約書ってそういうものなのかと思って」

「満えん？　蔓延って言葉使わないので、よく見ないで書き写していたら漢字間違えちゃって、アハハ」

――ということであった。

これが、京都地裁の「蔓延」を信用できないと認めさせた伝説の尋問である。

金子氏が漢字を間違えた蔓延については、最高裁判決も右記のとおり、「まん延」と記述している。

2‐8 日本のインターネットの父すら有罪にしかねない地裁判決

（「26・主質問」「30・落胆の刻」「16・ミスターインターネット」より）

2005年11月17日の京都地裁での公判で、壇氏は事実経緯に関する被告人質問を行った。最初は金子氏が緊張のあまり、壇氏の聞いた質問ではなく、次の質問に答えるハプニングもあったが、軌道修正の後、以下のとおり順調に進んだ。


――落ち着いた金子は、ようやく聞かれたことについて語り始めた。

Winnyが著作権侵害ツールではないことを。

その後特許取得したP2Pネットワークにおけるコンテンツ管理システムの構想を。

彼がWinnyで違法なやり取りをしないように呼びかけていたことを。

Winnyを悪用した情報漏えい問題に対して対応できないことへの忸怩たる思いを。

京都府警が、彼を何かのファイルをアップロードしていたら現行犯で逮捕出来ると考えて自宅に捜索に入り、彼のＰＣでWinnyをつかって2時間くらいアップロード実験を試みたが、ダウンロード専用Winnyであったので、現行犯逮捕が失敗に終わったことを。

それでも彼の立件をあきらめきれない警察が、彼を富士見警察に任意同行し、Winnyの開発をしないという「誓約書」を書いて良いと言ったのを利用して、著作権侵害蔓延目的である旨の作文した「申述書」を書き写させていたことを。

取り調べで警察や検察が彼を恫喝して、罪を認めさせようとしていたことを。

それらは当時世間で誤解され、未だ誤解されている、報道されなかったWinny事件の真実なのであった。


その後、検察が被告人を問い詰める反対尋問が２００６年3月と5月に開催された後、一回の整理手続きを経て、論告・求刑、弁論を終えたが、

「あの時点では、我々は無罪であることを確信していた」（29・「反対尋問」より）としている。

以下、「30・落胆の刻」より

２００６年12月13日の午前10時に1審の判決の宣告が京都地裁であった。

（中略）

被告人を罰金１５０万円に処する。

（中略）

裁判長は主文に続いて、判決の理由を述べ始めた。つまらない内容であった。

ただ、被告人の主観的態様の項になったとき、裁判長は、

「被告人が著作物の違法コピーをインターネット上にまん延させようと積極的に意図していたとする部分については、その供述に信用性は認められない」と言った。


これは、検察官が有罪の中核に据えていた事実を裁判所が否定したことを意味する。これではまったくのチートである。

「だったら無罪だろうが！」

私は、立ち上がって怒鳴りそうになったが、そんなことで有罪判決は覆らない。

では、なぜ有罪なのか？　それは、弁護人も検察も主張していない基準と事実認定によるものであった。悪名高い著作権関係団体ACCSが統計の基本を無視した調査方法で作った「ファイル共有利用実態調査報告書」の調査結果を根拠にしていて、ファイル共有ソフトの92％が著作権侵害に使われていて、Winnyもファイル共有ソフトである。だから幇助なのだと。なんだ、その理由は。

幇助で開発者を処罰することは、殺人に使われるとの理由で包丁や自動車の開発者を罰するようなも

村井純教授（Wikipedia）

のだが、裁判所は、

①ファイル共有ソフトの92％が著作権侵害に使われている

②Winnyもファイル共有ソフトである

③だからWinnyも著作権侵害を幇助している

という三段論法で著作権侵害を認めた。

以下、「16・ミスターインターネット」より。

前述（2－3）のとおり、欧米版WinnyのKazaaをボロWinnyと酷評した村井氏は、京都地裁で証言した。証言前の打ち合わせで、ソフト開発者を著作権侵害の幇助罪に問う検察の主張に対して村井氏は、「その理屈だったら、日本にインターネット引いてきた俺が幇助じゃん」と述べている。わが国の司法は「日本のインターネットの父」すら犯罪者にしかねないのである。

2－9　ウィニーのビジネスチャンス：インターネットサービスプロバイダーの証言
（「38・高裁尋問後編」「発刊によせて」より）

２００９年６月11日に大阪高裁で証人尋問が開催された。弁護側の最初の証人は木村和人インターネットイニシアティブ（ＩＩＪ）ネットワークサービス本部長だった。

「ファイル共有という観点からですが、現在行われているサービスファイル共有はありますか」
「YouTubeやニコニコ動画があります」
「これらでは、著作権侵害の可能性のあるファイルはありますか」
「はい」
「逆に有意義に使えるというのはありますか」
「テレビ局が自分達の番組をアップロードしたり、政党が主張を動画にして皆さんに見ていただくということもあります」
「Winnyがコンテンツ流通の発展に関して役割を果たしたといえることはありますか」
「（ＡＣＣＳのファイル共有利用実態調査の）Winnyの利用者へのアンケートの結果、見逃した番組を見れるからというのが非常に多かった。当時はそういう番組を提供するビジネスはなかったのだが、Winnyのユーザーがそういう発言をすることにより、ニーズがあるのだというマーケティング的な要素がそこで発掘されたのではないでしょうか」

「Winnyの開発が続けば、権利者の同意を得たコンテンツというのが流通していく可能性というのはあると思っていましたか」

「はい」

このあたり、YouTubeもiTunesも何もなかった逮捕直後には、したくてもできないような尋問である。この事件をしている間にも世の中には新しい技術が出てきているのである。ただ、その技術が日本のビジネスを駆逐したのは残念ではあるが……。

壇氏の指摘するとおり、２００４年５月の金子氏の逮捕直後にユーチューブは存在しなかった。

２００６年4月27日付CNETJapanの「動画共有サイト『YouTube』、日本から２１２万人が訪問――利用率は米国内に匹敵」は以下のように報じた。

ネットレイティングスは4月27日、2006年3月期のインターネット利用動向調査の結果をまとめた。それによると、米YouTube の動画共有サイト「YouTube」に、これまで日本から200万人以上が訪問し、そのリーチ（利用率）は米国内と同水準まで高まっているという。

（中略）

日本のユーザーの YouTube へのアクセスは2005年12月から急増し、2006年3月には212万人に達した。日本国内での利用率は5・2％と、米国内での利用率5・4％に近づいている。また日本のユーザー1人あたりの平均訪問頻度は3・2回、利用時間は約33分と、いずれも米国ユーザーを上回り、「日本のユーザーの熱心な利用状況が浮かび上がった」（ネットレ

図表 2.1YouTube 誕生の歴史

2005 年 2 月	www. youtube. com のドメイン登録
2005 年 4 月	最初の動画の投稿
2005 年 5 月	ベータ版公開
2005 年 12 月	公式サービス開始

出典：YouTube（Wikipedia）

ーイティングス）という。

木村氏の証言どおり、日本でもウィニーに対するニーズは十分あったのである。

以下、「発刊によせて」より。

金子氏が、新しいP2Pファイル共有ソフトの開発宣言をした「2ちゃんねる」開設者のひろゆき氏は、「金子勇との7年半」に以下のコメントをよせている。

LINEでの動画共有とかビットコインなどの仮想通貨とか、P2Pといわれる技術が使われています。その最先端がWinnyでした。金子さんがいれば、日本で発展した技術が世界で使われて、世界中からお金が

ひろゆき氏（Wikipedia）

――入ってくるみたいな世の中にできたかもしれなかったんですけどね。

2-10 ウィニーの足を引っ張った日本のインターネット対応

金子氏の逮捕後、捜査当局がウィニーの改良を禁じ、欠陥を修正できなくしたことによって、問題はさらに深刻化した。ソフト開発ではまずベータ版（試作品）を出して、バグ（欠陥）やセキュリティーホール（安全上の弱点）を利用者に指摘してもらい、改良して、完成版にしていくのが一般的である。

2004年に金子氏が逮捕された後は、この作業をストップしたため、自衛隊や刑務所、病院といった公的機関の情報が大量に流出し、回収不能となった。おひざ元の京都府警も例外ではなく、2004年3月に巡査が仕事で使っていたパソコンがウイルスに感染して、ウィニーネットワークで情報が漏えいしてしまった。

2006年には安倍官房長官（当時）が国民に利用自粛を要請するに及んで、ウィニーはすっかり悪役になってしまった。

村井氏は次のように主張している。

著作権侵害やウイルス感染の放置はそもそもやってはいけない行為だ。そうしたことをやめさせるために、道具そのものの使用を禁止するとか、改良してはいけないというのは、望ましい社会のあり方とは思えない。（朝日新聞2006年4月19日）

村井氏が学界の「日本のインターネットの父」だとすると、実業界の「日本のインターネットの父」は、インターネットイニシアティブを創立した鈴木幸一代表取締役社長（現代表取締役会長）。鈴木氏は次のように語っている

P2Pソフトの「BitTorrent」があれほど有名なのに、世界的には「Winny」（中略）が有名でないのはおかしい。日本の何らかの風土が、Winnyのような技術のグローバル展開を阻んでいるとしたら残念だ。いろいろと新しいものが出てくるのに、まず悪い面だけを見て、それを止めることが日本では多い。（https://xtech.nikkei.com/it/article/Interview/20080325/297019/）

BitTorrent戦略顧問だった岩波剛太氏（現住友商事国内担当役員補佐中部支社長・モビリティ事業第一本部長）は、P2P問題以前に著作権問題がインターネットビジネス全体に影響をおよぼしていると指摘する。

日本ではやはり著作権の問題が整理されないと世界から遅れるばかりです。これはP2P問題以前の話でインターネットビジネス全体に影響が及んでいます。

（中略）

そもそもデジタル技術というのは、全ての情報を0と1に還元して、演算・蓄積などをするわけですから、伝送する場合でも各所でコピーを繰り返しての無劣化で伝送することが可能となります。ユーザーがWebサイトを見る場合でも、実際にWebサイトの画像やテキストを端末にコピーして見ているわけです。それらを含めて、伝送経路や端末での動作を『複製』だと指摘されてしまうと、もうインターネットそのものが否定されてしまいます。この問題が曖昧なままで整理されていないと、日本人も日本の企業も本質的には皆さん真面目ですから、法的にグレーな事業はやはりできないということになります。（『月刊ニューメディア』2009

一年8月号）

インターネットというたった一つの技術革新にうまく対応できないことが日本の停滞を招いているが、その元凶が複製を前提とするインターネットで、複製禁止の原則を貫き通そうとしている著作権法にあるとの指摘である。

知的財産法学者も同じような指摘をしている。小泉直樹・田村義之編の『はばたき―21世紀の知的財産法：中山信弘先生古稀記念論文集』所集の「産業政策としての知的財産法」で故相澤秀孝一橋大学名誉教授は以下のように指摘する。

> アメリカ合衆国の著作権法の柔軟性（「fair Use」規定の柔軟な解釈）が、情報通信関連産業の円滑な発展をもたらしたのに対して、日本では、著作権法の厳格性（著作権の個別的制限規定と裁判所の「fair Use」に対する否定的な解釈）により、情報関連産業の発展が阻害されている。

この指摘を裏付けるのが、前述（1－1）で「平成31年の世界時価総額上位10社中7社を占め、うち5社は平成生まれのIT・通信業界で、米中のようにスーパースターが生まれなかったのが平成の敗北の原因といえる」と紹介した残念な事実である。

このようにインターネットに好意的でない著作権法も手伝って、ウィニーはひろゆき氏の指摘するとおり、P2P技術の最先端を走っていたにもかかわらず花を咲かせることはできなかった。対照的にユーチューブはインターネットに柔軟に対応できる米著作権法も味方して（前述1－6、1－7参照）快進撃を遂げ、壇氏が残念がるとおり、日本のビジネスも駆逐してしまった（前述2－9参照）。

2－11 ウィニーのビジネスチャンス：経済学者の証言（「38・高裁尋問後編」より）

2009年6月11日に大阪高裁で開催された尋問での弁護側の二人目の証人は、田中辰雄慶応大経済学部准教授（現教授）だった。田中氏は以下のように証言した。

「Winnyが著作権者に損害を与えているかどうかという研究はしましたか」

「Winnyによって正規品の売上げが減るという効果はありませんでした。むしろ少し増えることすらありました。Winnyに宣伝効果があったのだと思います」


後述（6－1）のとおり、米国ではフェアユースを判定する際、著作権法第107条に定める4つの要素を考慮して総合的に判断する。最後の第4要素「原著作物の潜在的市場または価値に対する利用の影響」は言い換えると、「原著作物の市場を奪うか否か」である。米国の裁判所はフェアユースを判定する際、第1要素の「利用の目的および性質」とともにこの第4要素を重要視する。

田中氏の指摘する「ウィニーによって正規品の売り上げが減るどころか増えた」という事実は、米国であれば、ウィニーは裁判所が最も重視する要素の一つで、フェアユースに有利な判定を受けられたことになる。


私はスライドを示した。

（注：壇氏が示したのは後述4－4で紹介する図表4・2のスライド）

田中氏は続ける。

「本件のコンテンツビジネスに与える影響についてどう思われますか」

「著作権法は、創作者の利益と利用者の利益をバランスさせる法律だと思っています。最適な保護水準がどこかというのはいま論争中です。これは将来、様々な試行錯誤の結果、いろいろな民事上の解決がなされていくというふうに思われます。刑法でこれを罰してしまうと言うのはどちらかと言えば乱暴な方法でありまして、可能性の芽を摘むという意味ではマイナスだと思います」

私は尋問を終えた。

田中辰雄教授
（国際大学 GLOCOM サイトより）

田中氏の「可能性の芽を摘むという意味ではマイナスだと思う」との指摘については、米国の経済学者の実証研究がある。1994年6月13日付の米エレクトロニックニュース誌は、「エレクトロニックの画期的発明─当初予想されなかった成功」と題する記事で、スタンフォード大学の経済学者ネイザン・ローゼンバーグの研究成果を報じた。以下、筆者なりに要約する。

過去50年から60年間のエレクトロニック分野の技術革新は、最初に導入された時には十分調査されていなかった。電話・ラジオ・レーザー・コンピュータ・蒸気エンジン・ビデオレコーダー等の多くの発明は、これらの技術を発明したり、目撃した人たちが必ずしもその社会経済的なインパクトを予測していたわけではなかった。後から振り返ると、20世紀の大きな発明の多くは、当時の人たちにとって必ずしもその将来が明確ではなかったことが分かる。

発明の将来の使用法や市場の予測に失敗した例として以下のものが挙げられる。

・無線を発明したマルコーニは、1対1の通信用に利用されるものと予想し、放送に利用されるとは考えていなかった。
・アレキサンダーグラハムベルが、1876年に電話を発明した時、電信の改良というタイトルで特許を申請した。このため、ウェスタンユニオン社はたったの10万ドルでこの特許を買う機会を断ってしまった。

・1947年のトランジスターの発見は、ニューヨークタイムズ紙がトップニュースではなく、小さなコラムで取り上げ、聴覚障害者のためのヒアリングエイドとして使用されるだろうと紹介した。

・ビデオテープレコーダー（VTR）の発明者も商用市場はテレビ局に限られると考えた。松下（現パナソニック）とソニーが設計と製造に小さな改良を重ねた結果、家庭にも売れるようになった。

前述（2－2）で、金子氏の訃報に接した村井氏の「ひょっとしたらウィニーがビジネスの基盤に育っていた未来があったかもしれない。ただただ残念だ」との談話を紹介した。村井氏の予言どおり、ウィニーの技術は最近脚光を浴びているブロックチェーンにも使われていると指摘した。

マルコーニの無線に始まり、ウィニーに至るまで、画期的発明の多くは当初予想しなかった分野で花開かせたことから、刑事罰でその可能性の芽を摘むことは田中氏の指摘するとおり、乱暴なやり方である。

2-12 高裁の逆転無罪判決、検察の上告、最高裁の上告棄却
（「40・逆転の刻」「41・伝説が終わり、歴史が始まる」「42・その後」より）

原判決を破棄する。被告人は無罪。

（中略）

小倉裁判長は、すこしはしゃぎ気味の弁護団を横目に判決の理由を述べ始めた。技術開発へ配慮した意欲的な判決理由であった。木村警部らの金子に対する最初の取調は違法であると断じ、そのときの調書を証拠から排除していた。

技術開発に配慮するとともに著作権侵害蔓延目的である旨、作文した「申述書」を恫喝して収集した調書を証拠から排除した判決に司法府の良識がうかがわれる。

以下、「41・伝説が終わり、歴史が始まる」より

２００９年10月21日、検察が上告したニュースが入ってきた。

（中略）上告するもとは（原文ママ）予想していたことでもあったので、特に感想はなかった。

私は、上告の連絡を聞いて、自分のブログに書いた。

最後の闘いが始まった。

恐れも焦りもない。

私はもう一度全てを懸けて戦い、もう一度無罪を勝ち取る。

それだけである。

ただ、彼がプログラマーとして輝ける時間を、さらに無駄にすることだけが残念である。


後述（91ページ）するように最高裁の上告棄却により無罪が確定するまでにさらに2年を要した。そして、金子が再び研究者として過ごすことができたのは半年だけだった。壇氏もさすがにそこまでは予測していなかったと思うが、以下に紹介する検察のメンツのために金子の貴重な時間をさらに奪われることは残念至極だったと思われる。

— 検察から全文116ページの上告趣意書が提出されたのは、2010年3月23日であった。

（中略）

上告書はこれまでとは違うボリュームと恥も外聞も無い主張に、なにがなんでも金子を罪に陥れようという、組織のメンツと狂気を感じた。

負けてはいられない。検察の上告理由に反論するべく、弁護側は２０１０年６月30日に１００ページを超える答弁書を提出した。

（中略）

２０１１年12月20日の午後東京行きの新幹線の中で、パソコンを開いたところ、Twitterに「Winny事件上告棄却」というツイートが飛び込んできた。私宛に「おめでとう」というツイートもあった。

しかし……なんで、私が知らんのじゃい！

（中略）

無罪を相当とした多数意見は「例外的でない程度の著作権侵害について故意がない」というものであった。「開発者もWinnyの現実の利用状況を認識していない」という主張が、なぜかここで認められたのである。

> 一般的にはクビをかしげそうな理論ではある。ただ最高裁も金子のような人物を有罪にしてはいけないと思う程には常識的だったのであろう。有罪の反対意見を書いたただ1人の裁判官を除いて。

その裁判官も前述（2－1）のとおり、執行機関の性急な捜査、起訴を戒めた。

> 結局、裁判に7年半を費やした金子に残されたのは、プログラマーとしてのほんの小さな名誉だけであった。

前述（2－3）のとおり、億万長者となった欧米の天才プログラマーに比べて、「残されたのはほんの小さな名誉だけ」というのは、あまりにも気の毒で慰める言葉もない。ただ、小さな名誉だったかもしれないが、次節のとおり、後進のためには意味のある7年半だったのも間違いない。

壇氏は続ける。

そんなことをしている間に、コンテンツ配信の世界は、iTunesやYouTubeに席捲された。P2Pの技術開発は日本から失われた。日本が海外のサービスを模倣するだけになってずいぶん経つような気がする。

2022年9月5日付、日経MJ（流通新聞）の「ユーチューブ、日本で経済効果3500億円」と題する記事は、英コンサルティング会社のオックスフォード・エコノミクスが、日本で3500超の利用者や2000人以上のクリエイターなどを対象に聞き取り調査した結果、ユーチューブがもたらした経済効果が2021年に3500億円に上ったと報じた。ユーチューブは、動画の再生に伴って発生する広告収入をクリエイターに還元しているので、日本のクリエイターも潤っているわけだが、ユーチューブは日本だけでなく全世界から広告収入を稼いでいる。

ユーチューブより先行したウィニーは、ひろゆき氏の指摘するとおり（前述2－9参照）、P2P技術の最先端を走っていたことに加え、①村井氏が「ソフトとしては10年に一度の傑作」「ひょっとしたらウィニーがビジネスの基盤に育っていた未来があったかもしれない」などと評価していること（前述2－2参照）、②ウィニーに対する需要は十分あったこと（前述2－10参照）などから、「金子さんがいれば、日本で発展した技術が世界で使われて、世界中からお金が入ってくるみたいな世の中にできたかもしれなかったんですけどね」とのひろゆき氏の指摘（前述2－9参照）は決して夢物語ではなかったことが判明する。

2－13　壇氏の慚愧の念（「42・最後の刻」より）

彼は、残りの人生を、これから日本で生まれてくる技術者のために使って欲しいという私との約束を守ったことになる。

人は死ぬ。

しかし、プログラムは死なない。

彼が遺したプログラムは今日もどこかで動いている。彼が勝ち取った正義は、この日本にとって大切な意味があったと思う。ただ、7年半もの月日を裁判に費やした彼が、再び研究者として過ごすことが出来たのは半年だけであった。

たったの半年だけ……

金子氏は係争中にP2P技術によるコンテンツ配信を行っているドリームボードの技術顧問として、デジタルコンテンツ配信プラットフォーム、スキードキャスト（SkeedCast）用のソフトウェア「情報提供管理システム」の特許を取得している。以下、ウィキニュース「Winny開発者の金子勇氏が新技術で特許取得」（2010年2月23日）から抜粋する。

『SkeedCast』は配信ネットワークをコンテンツの提供者、配信ネットワーク、視聴者に分けて管理するP2P技術による配信システム。『情報提供管理システム』はデジタル署名と鍵認証システムを応用したもの。『情報提供管理システム』を実装したことで、正規の配信サーバーから提供されているコンテンツであることをユーザー側のシステムが簡単に見分けることができ、ウイルス侵入やデータ改ざんを遮断するなど高度なセキュリティを実現。また、認証経路を最適化し、高速なコンテンツのダウンロードを可能とした。

金子氏が研究者として、再びこうした才能を発揮できた期間がわずか半年だけで42歳の短い生涯を閉じたのは慰める言葉もない。

壇氏は続ける。


もし、あの刑事事件がなければ、Ｐ２Ｐが彩る世界は違うものになっていたかもしれない。

もし、あのとき嘘をついて罪を認めてしまえば、彼は刑事事件で費やした時間を大好きなプログラムに充てることが出来たかもしれない。

私は彼に無辜《むこ》の技術者としての最期を迎えさせてあげることができたという自分への慰めと、金子から人生の重要な時間を刑事事件で奪ってしまったことへの慙愧の念の入り交じった複雑な思いで、揺れ動いている……今日も。


「あの刑事事件がなければ、Ｐ２Ｐが彩る世界は違うものになっていたかもしれない」との指摘にはまったく同感である。多くの日本のインターネットの先達が指摘するとおりだからである。

「あの時、嘘をついて罪を認めてしまえば、彼は刑事事件で費やした時間を大好きなプログラムに充てることができたかもしれない。」とする気持ちもよくわかる。前述（２－６）のとおり、検察は組織を上げて有罪に陥れようとしていたので、仮に一審判決が無罪であったとしたら最高裁まで争ったのは間違いない。つまり、刑事事件になった時点で時間がかかるのは避けられなかったので、嘘をついて罪を認めてしまえば、その時間を好きなプログラムにあてることができたはずである。しかし、金子氏個人には大変気の毒だったが、やはり無実を勝ち取るまで戦ってよかったと思う。

開発者の逮捕、起訴が技術開発に与えた萎縮効果は抜群だった。当時、若手研究者に論文は海外で発表するようにアドバイスした指導教授もいた（前述2－2参照）。無罪判決は少なくとも、こうした研究者の懸念を払しょくする効果はあったはずである。

だが、失われた7年半が「コンテンツ配信の世界は、iTunesやYouTubeに席捲された。P2Pの技術開発は日本から失われた。日本が海外のサービスを模倣するだけになってずいぶん経つたような気がする」との指摘のとおり（前述2－12参照）、金子氏だけでなく日本にとって、取り返しのつかない7年半になってしまったのは、大変残念だが……。

第3章

対照的な米国版ウィニー事件判決とその後も勇み足が続く日本の検察

3-1　8カ月で無罪が確定した米国版ウィニー事件

1994年にアメリカで起きたラマッキア事件は、時代は異なるもののウィニー事件と多くの共通点がある。被告人が有名大学に所属する優秀なソフトウェア技術者であること、著作権侵害に使われるおそれのあるソフトを開発し、刑事責任を問われたこと、検挙に反対する支援者達が裁判費用を支援するための基金を作ったこと、などである。

相違はラマッキア事件では地裁で無罪判決が下り、検察が上訴しなかったため、起訴から8カ月で無罪が確定した点である。これに対して、ウィニー事件では地裁で有罪とされ、高裁で覆ったが、最高裁まで争われたため、無罪が確定するまでに7年半を要した。

マサチューセッツ工科大学（MIT）の学生で、コンピューター・ハッカーでもあったディビッド・ラマッキアは、意図的にコンピューター上の偽名でMITのワークステーションの電子掲示板機能（BBS）を使い、国際的な規模で著作権のあるソフトウェアを「ライセンス料や購入代金を払わずに違法にコピーし配布できる」ようなシステムを構築した。

通信詐欺罪違反の容疑で起訴されたラマッキアは、1985年の合衆国最高裁（以下、米最高裁）のダウリング判決にもとづいて反論した。ダウリングらはエルビス・プレスリーのレコードの海賊版を通信販売した容疑で逮捕され、盗品の州際輸送法（以下、「盗品法」）違反、著作権法違反、郵便詐欺罪で起訴され有罪とされたため、米最高裁に上訴した。米最高裁は、盗品法違反についての上訴を受理。海賊版のレコードに録音された音楽は、盗品法が定めるところの「盗まれたり、横領されたり、騙し取られる『有体物』」ではないので、盗品法は適用されない」とした。

以下、ダウリング判決のポイントを抜粋する。

ラマッキア（右、MITの学生新聞Techのオンライン版より）

著作権は、排他的支配を取得できない点で通常の動産と異なる。著作権の制約は、法律に優位する憲法上の権利に由来する。憲法修正1条は思想の自由な流通を保障しているからである。著作権の主たる目的は著者の労苦に報いるのではなく、科学・芸術の進歩に貢献することにある（著作権法1条）。著作権侵害は盗み、横領、詐欺に匹敵するものではない。

ダウリングが許諾なしに海賊版を作成したことは著作権法違反であることに議論の余地はない。しかし、著作権者からその使用を奪っているわけではないから、盗品法のいう物理的移転つまり著作権に対して物理的なコントロールをしたとみなすことはできない。

盗品法を拡大解釈することは、歴史的に私法で規制してきた著作権など知的財産権の分野の広範な行為を刑事罰化する効果があると指摘し、議会がこの分野に刑事罰を科すことに慎重だった事実は、犯罪を定義し、刑罰を科すことは立法府にまかせるという英知を示すものといえるとした。

3-2 司法府の役割をわきまえた米連邦地裁判決

ラマッキアは、ダウリング判決で示されたように著作権違反の物品を輸送したことが罪に問えないならば、自分の通信に関わる行為も著作権法違反の罪に問えないと主張した。1994年、マサチューセッツ連邦地裁は判決の冒頭で、この事件が「新しい酒を古い革袋に入れることができるか」の問題を提起していると指摘した上で、ダウリング事件における米最高裁判決が、ラマッキアの著作権法違反を排除するとして、以下のように判示した。

ダウリング判決が指摘するように、著作権は議会が注意深く取り扱ってきた分野で、著作権者を侵害から守るためには種々の民事責任を用意するとともに議会が刑事罰による抑止効果が必要と認めた時には法律によって段階的な刑罰を科してきた。このステップバイステップの注意深いアプローチは、著作権法が示唆する懸念に対する議会の伝統的な配慮とも合致する。新技術が著作権法に与えるインパクトに対する議会の敏感さはダウリング判決で最高裁が犯罪を定義し、刑罰を科すことを立法府にまかせた英知とも一致する。

司法府は、立法府の明確なガイダンスなしに著作権の保護を拡張するのに慎重な姿勢を貫いてきた。これまで司法府は、大きな技術イノベーションが著作物の市場を変えるような時には議会に敬意を表してきた。議会はそうした新技術に避けられない様々な対立する利害を調整する権限と能力を持っているからである。

司法府の立場をわきまえた慎重な姿勢、特にイノベーションが著作物市場を変えるようなケースでは、対立する利害を調整する権限と能力を持つ立法府の判断に委ねる姿勢は、第2章で紹介したウィニー事件の京都地裁判決と対照的である。

原告の通信詐欺法の解釈にもとづけば、ラマッキアの行為だけでなく、私的目的で1本のソフトをコピーする誘惑に負けた無数のパソコンユーザーまで犯罪人にしてしまう。それはソフトウェア業界も望んでいるかどうかわからない。

ここでも京都地裁判決とは対照的に利用者やソフトウェア業界に配慮して、イノベーションの芽を摘み取らないようにしている。

よって、ダウリング対合衆国判決が、ラマッキアを通信詐欺法にもとづく著作権侵害で起訴することを妨げる。

もちろんこれは、ラマッキアがやったとされる行為を啓発するものではない。起訴状のとおりとすれば、彼の行為は無頓着かつ無責任で、ニヒリスティックかつ自己陶酔的で、基本的な価値観すら欠いている。侵害者の側にたとえ営利的な動機がない場合でも、著作権のあるソフトウェアを意図的に数多く侵害したことは、おそらく民事罰とともに刑事罰も伴うべきであろう。著作権法はそのような起訴ができるように改正することも考えられる。しかし、犯罪を規定し、罰則を科するのは議会であって、裁判所ではない。

現行法では罪に問えないので、立法論の問題であるとしたのである。

前述（2―4）したとおり、欧米の技術者は金儲けしようとしたのに対し、金子氏はソフトを開発しただけだった。にもかかわらず刑事訴追され、一審では有罪とされた。ナップスターはピーク時には全人口の4分の1が利用したにもかかわらず、検察は起訴には踏み切らなかった。

米著作権法にはフェアユース規定があるため、法執行機関はフェアユースの抗弁が成立する可能性のある案件に対しては、起訴に踏み切ることには慎重である。刑事事件には「疑わしきは罰せず」の原則があり、民事事件より立証責任のハードルは高い。民事事件でも立証できるかどうか不確実な事件での起訴に慎重なのは当然である。

金子氏がソフトを開発しただけで、ソフトで儲けようとしたわけでもないのに刑事訴追されたことについて、壇氏は1988年に最高裁が民事事件で生み出したカラオケ法理と比較する。最高裁は当時、多くのカラオケ店が著作権使用料を払わずに営業していた事態に対応する必要に迫られた。カラオケ店で歌っているのは客だが、客は歌う＝演奏することによってお金を儲けているわけではないので、著作権侵害とはいえない。このため、最高裁はカラオケ店主が①客の歌唱を管理し、

②利益を得ている、ことを理由に著作権を侵害しているとみなした。

カラオケ法理は、壇氏が「その広すぎる適用範囲について問題点が指摘されている」とするようにその後、カラオケ関連サービスだけでなく、インターネット関連サービスにも広く適用されるようになり、日本のイノベーションを阻む元凶ともなったので、後述（6－7）するが、壇氏は以下のように続ける（「Winny事件高裁判決の解説」『知財ぷりずむ』2010年1月号）。

ただ、ここで注目するべきは、Winny事件においては、全くの無償でWinnyを提供していることから、上記カラオケ法理の基準でも著作権侵害の責任を負わないことになるということである。

ただ、仮に民事責任を負わないとしても著作権法は、基本的に著作権侵害については広く刑事処罰の対象としており、特に帮助の適用を排除するような規定もない。したがって、広い要件で帮助の成立を認めることは、民事上の責任を負わない場合にでも、刑事責任が認められるという責任範囲の逆転現象を引き起こすことになる。

これは、著作権法違反による刑事責任を問われた前記ファービー人形事件（仙台高判平成14

年7月9日判決）において、「殊に刑事罰の適用に関してはより慎重でなければならない」とした立場と反することになる。

注：ファービー人形事件は、ファービー人形という電子ペットの著作物性が争われた事件。仙台高裁は「工業的に大量生産される実用品のデザイン形態については，意匠制度の存在を考慮すると き、著作権法の適用を拡大するのが妥当であるかは慎重な検討を要し、殊に刑事罰の適用に関してはより慎重でなければならないと考えられる」として、人形の著作物性を認めなかった。

3-3　対照的な京都地裁の勇み足判決

壇氏の「広い要件で幇助の成立を認めることは、民事上の責任を負わない場合にでも、刑事責任が認められるという責任範囲の逆転現象を引き起こすことになる」との懸念にもかかわらず、京都地裁は前述（2-8）のとおり、

①ファイル共有ソフトの92％が著作権侵害に使われている
②ウィニーもファイル共有ソフトである
③だからウィニーも著作権侵害を幇助している

という三段論法で著作権侵害の幇助を認めた。

しかも、ウィニー事件で問題となったネット上のソフト提供で不特定多数に対する「幇助犯」はこれまでにない新しい類型である。罪刑法定主義の原則からすれば、反社会的行為が既存の刑罰法規の予定する類型にあたるかどうか疑わしい場合は、裁判所はラマッキア判決のようにその適用を見合わせ、判断を立法府に委ねるべきである。にもかかわらず京都地裁は、幇助罪の成立を認めた。

ラマッキアが数多くのソフトウェアの著作権侵害を引き起こしたことは、もちろん問題である。MITもただちに処分した。しかし、処罰する法律がないのに処罰することはできない。倫理の問題と法律の問題は別である。特に刑法には罪刑法定主義という大原則がある。

米国議会も1997年に著作権法を改正し、ラマッキアの行為を処罰できるようにした。法の未整備は、特に罪刑法定主義のある刑法では、このように立法で対応するのが、正攻法ではないか。

開発者の逮捕、訴追は金子氏個人にとっても不幸だったが、社会にとっても大きな損失だった。

技術開発への委縮効果を招かないためにも、わが国の司法に求められるのは、米国の裁判所のような司法府の役割を十分わきまえた対応である。具体的には新技術に対して、罪刑法定主義の観点からだけではなく、イノベーションが著作物の市場を変えることも想定して、判断を立法府にまかせた対応である。

「金子勇との7年半」は以下のように指摘する（「1・金子勇あらわる」より）。

京都府警がサイバー犯罪対策に力を入れるということで、京都府警サイバー犯罪対策課の前身となる部署を設置したのは1999年のことである。2004年3月には京都府警のお巡りさんが仕事で利用していたパソコンがコンピューターウイルスに感染して、Winnyネットワークで捜査情報が漏えいする事件があった。サイバー事件対策の先駆者である京都府警は情報漏えいでも先駆者である。

とはいえ、鳴り物入りの部署設置後、鳴かず飛ばずであった京都府警サイバー犯罪対策課が、日本で目立った存在であった「金子勇」という男の立件に目をつけたのは、ある意味必然だっ

――たかもしれない。

金子氏は、鳴かず飛ばずで、功を焦ったサイバー犯罪対策課の恰好の餌食にされてしまったわけだが、京都府警のフライング体質はウィニー事件後も変わっていない。

2009年11月18日付日経新聞大阪地方経済版は、「京都の『サイバー警察』活躍　先を読み、捜査はリアルに　法未整備、『裏技』を駆使」の見出しで、ハイテク犯罪対策室の活躍ぶりを紹介した。

「同対策室は日本最強のサイバー警察だ」との書き出しに続いて、ウィニー事件以外にも「全国初」となるサイバー犯罪の摘発が続く理由を分析。「法制などが未整備なだけに、『あらゆる法令の駆使』がカギになる。昨年、コンピューターウイルスの作成者を逮捕した際に適用したのは著作権法違反と名誉毀損。日本にはウイルスの作成、放出を処罰する法律がないため（筆者注：その後、2011年7月から施行された刑法改正でウイルス作成罪が新設された）、感染すると画面に現れるアニメ画像と個人写真の無断使用を問う『裏技』だった。」と指摘した。

国家権力が裏技を使うのもいかがなものか。刑法には罪刑法定主義という大原則がある。裏技が罪刑法定主義をかいくぐるようなことになっては本末転倒である。ラマッキア事件判決は、現行法では罪に問えないので、立法論の問題であるとした。米国議会も1997年に著作権法を改正し、ラマッキアの行為を処罰できるようにした。法の未整備は、特に罪刑法定主義のある刑法では、このように立法で対応するのが、正攻法ではないか。

3-4 ハイスコアガール事件でも勇み足した検察

ウィニー事件最高裁判決が性急な捜査、起訴を戒めたにもかかわらず、法執行機関の行き過ぎはその後も改善されていない。その一例がハイスコアガール事件である。

「ハイスコアガール」は1990年代のゲームやキャラクターが登場する人気漫画。「月刊ビッグガンガン」(スクエア・エニックス)に2011年から掲載され、大ヒットした。

Amazon サイトより

作品中に登場するゲームキャラを無許可で使用されたゲーム会社「SNKプレイモア（以下、「SNK」）」は同業のスクエア・エニックス（以下、「スクエニ」）を刑事告訴。2014年8月、大阪府警はスクエニを家宅捜索し、11月には同社社員15人を書類送検した。漫画家の押切蓮介氏も家宅捜索・書類送検の対象となった。これに対し、知財学者らが「『ハイスコアガール』事件について——著作権と刑事手続に関する声明」）を出し、刑事手続きの進行に反対した。

声明は「本件は著作権侵害が明確に肯定されるべき事案とは言い難い」と指摘した上で、「本件のように著作権侵害の成否が明らかではない事案について、強制捜査や公訴の提起等の刑事手続が進められることは、今後の漫画・アニメ・ゲーム・小説・映画等あらゆる表現活動に対して重大な委縮効果をもたらし、憲法の保障する表現の自由に抵触し、著作権法の目的である文化の発展を阻害することとなりかねない。従って、著作権侵害に係る刑事手続の運用、刑事罰の適用に対しては謙抑的、慎重であることが強く求められる」と主張し、「刑事手続が進められることに反対する」と結んだ。

その後、中国資本がＳＮＫの大株主になったため、２０１５年にＳＮＫとスクエニは和解を発表したが、和解せずに裁判になっていたら結末はどうなっただろうか？「スクウェア・エニックスの著作権侵害の可能性はグレー⁉『ハイスコアガール』問題について福井健策弁護士に話をうかがってみた」(https://otapol.com/2014/09/post-1542.html)は、引用として許される可能性は否定できないとしている。前述の知財学者の声明も指摘するとおり、著作権侵害の成否が明らかではない事案だったといえる。声明はこうした事案に対して「強制捜査や公訴の提起等の刑事手続が進められることは、今後の漫画・アニメ・ゲーム・小説・映画等あらゆる表現活動に対して重大な萎縮効果をもたらし、憲法の保障する表現の自由に抵触し、著作権法の目的である文化の発展を阻害することとなりかねない」と危惧している。

なお、著作権と表現の自由との関係についてはフェアユースにも関係するので、後述する（7－4参照)。

3-5 自白によって4人も誤認逮捕したパソコン遠隔操作事件

２０１２年に起きたパソコン遠隔操作事件では、他人のパソコンを遠隔操作し、犯罪予告のメールを送付した真犯人が名乗り出るまでに、警察はパソコンを乗っ取られてメール送付した４人を誤認逮捕した（図表３・１参照）。

横浜市ＨＰに小学校を襲撃すると書き込んだとして逮捕された少年の場合、「楽しそうな小学生を見て、困らせてやろうと思った」などと、やっていないのに動機まででっち上げられて自白を取られた。家庭裁判所も無実であることに気づかず、保護観察処分になり、えん罪が成立した（宮武嶺氏のブログ「ＰＣ遠隔操作なりすましウイルス事件は自白強要による冤罪が問題だ」より）。

図表 3.1PC 遠隔操作事件の誤認逮捕者一覧

担当警察	神奈川県警	大阪府警	警視庁	三重県警
誤認逮捕者	東京の男子大学生（19）	大阪府のアニメ演出家（43）	福岡市の無職男性（28）	津市の無職男性(28)
逮捕日(2012 年)	7 月 1 日	8 月 26 日	9 月 1 日	9 月 14 日
容疑の犯行予告	横浜市 HP に「小学校襲撃」	大阪府 HP に「大量殺人」	幼稚園に「襲撃」など	ネット掲示板に「爆破」
取調べでの認否	否認⇒認める⇒再否認⇒再び認める	一貫して否認	否認⇒認める⇒再否認	一貫して否認
逮捕後の経過	8 月 15 日に保護観察処分	9 月 14 日に起訴、同 21 日に釈放	9 月 27 日に釈放	9 月 21 日に釈放

出典：http://koike-sinichiro.cocolog-nifty.com/blog/2013/05/post-99bb.html をもとに作成。

厚生労働省の村木厚子元事務次官が局長時代に逮捕されて164日勾留され、2012年に無罪が確定した郵便不正事件でも、村木氏が事件にかかわったとする供述調書にサインした当時の上司や部下が、裁判で検事の作文だったと証言するなど検察の事件捏造が問題となった。

3-6 「日本の刑事司法は中世」との国連の指摘

こうした日本の刑事司法には国際的にも批判が絶えない。2013年、国連拷問禁止委員会でアフリカの委員が、「日本の刑事司法は中世」と指摘。その時の日本の人権人道大使の過敏な反応も手伝って話題を呼んだ。以下は日弁連の代表団の一員として、委員会を傍聴した「小池振一郎の弁護士のブログ」(2013年5月29日)からの抜粋である。

最終日の終了時間が近づいてきたころ、アフリカのDomah委員(モーリシャス最高裁判事)が、「(日本の刑事司法は)『中世』」とコメントした。衝撃的だった。

それまで、各委員から、取調べに弁護人の立会がないのはなぜか、と質問され、日本政府が、取調べの妨げになるからなどと答えたり、取調べ時間が制限されていないという指摘にも、誠意をもった回答をせず……というように、日本政府が不誠実な官僚答弁に終始していたから、委員たちはいらだっていた。

そこで、Domah委員の「弁護人に取調べの立会がない。そのような制度だと真実でないことを真実にして、公的記録に残るのではないか。弁護人の立会が（取調べに）干渉するというのは説得力がない……司法制度の透明性の問題。ここで誤った自白等が行われるのではないか。……有罪判決と無罪判決の比率が10対1（注：1000対1の間違い）になっている。自白に頼りすぎではないか。これは中世のものだ。中世の名残りだ。こういった制度から離れていくべきである。日本の刑事手続を国際水準に合わせる必要がある。」と、ズバリとメスを入れたコメントになったのだと思う。

これに対して、過敏な反応をしたのが、最後に日本政府を代表して挨拶した上田人権人道大使だった。

「中世」発言について、大使が、「日本は、この（刑事司法の）分野では、最も先進的な国の一つだ」と開き直ったのにはびっくりした。

（中略）

会場の、声を押し殺して苦笑する雰囲気を見て感じたのか、なんと、大使は、「笑うな。なぜ笑っているんだ。シャラップ！シャラップ！」と叫んだ。

（筆者注：「シャラップ！」の綴りは“shut up!”で、「黙れ！」の意味）

会場全体がびっくりして、シーンとなった。大使は、さらに、「この分野では、最も先進的な国の一つだ」と繰り返し、「それは、もちろん、我々の誇りだ」とまで言い切った。

小池氏は6月8日のブログで、「5月31日拷問禁止委員会は、日本政府に対して、1日の取調べ時間を規制し、取調べへの弁護人の立会いを実現せよと勧告した」と報告、10月3日のブログでは上田大使が9月20日に退任した旨、報告している。

3-7 ゴーン夫妻の「人質司法」批判

その後、より大きな国際的批判を浴びたのが、元日産自動車会長カルロス・ゴーン被告の勾留時の人質司法批判である。保釈後の逃亡事件を受けた海外の論調は、ゴーン被告の逃亡よりも日本の刑事司法に対する批判の方が多いぐらいだった。

2020年1月9日付 BUSINESS INSIDER 誌の「ゴーン会見、海外では報道に続々と『いいね！』情報戦に勝ったのは誰か」と題する記事（https://www.businessinsider.jp/post-205485）は、1月8日にレバノンで行われたゴーン氏の記者会見模様を報じた。以下、記事から抜粋する。

会見でゴーン被告は英語、フランス語、アラビア語、ポルトガル語の4カ国語を駆使し、記者からの質問にも間髪おかず答えた。その様子は世界中で報道され、自由奔放に無実を主張する姿に世界中がクギ付けになった。一瞬にして日本の司法制度と企業統治の負の面が、四面楚歌の状態に置かれたような雰囲気だった。

（中略）

欧米メディアが、ゴーン被告の会見内容で共通して注目していたのは、以下の点だ。

・「日産幹部と日本の検察当局の陰謀である」（ゴーン被告）

↓「逮捕・起訴は日産の西川広人前最高経営責任者（CEO）や豊田正和取締役など日産の『心ない、悪意ある』人々のたくらみの結果でもあると主張した」（ウォール・ストリー

ト・ジャーナル)

↓「日産と日本の地検は、従うことに慣れていない、裕福で権力がある人物に地獄をくぐらせた。彼は今や逃亡したので、地獄をくぐるのは彼らの番だ」(ブルームバーグ)

・「私は、正義を回避したのではない。不正義と政治的迫害から逃避したのだ」(ゴーン被告)

↓「特に辛辣だったのは、孤独感についての説明だ。『新年休みの6日間、一切人との接触がなかった』。妻に会うことができなかった禁令は、『もはや人間ではないような気持ちにさせた』とゴーン氏は言った」(アルジャジーラ)

記事のタイトルにある「情報戦に勝ったのは誰か」の答えはゴーン氏であることを裏付ける内容だが、ゴーン夫人も応援した。

以下、2019年1月17日付ITmedia「ビジネスオンライン『ゴーン妻の〝人質司法〟批判を「ざまあみろ」と笑っていられない理由」から抜粋する(https://www.ITmedia.co.jp/business/articles/1901/17/news007.html)。

長期の勾留が続く中、キャロル夫人が国際人権団体のヒューマン・ライツ・ウォッチ（HRW）に、9ページにわたる書簡を送ったことが明らかになった。夫人は書簡で、「日本の刑事司法制度がゴーンに課している厳しい扱いと、人権に関わる不平等さを白日の下にさらす」ことをHRWに求めている。

時を同じくして、HRWアジア局長のブラッド・アダムスは国際情勢サイトのディプロマットに、ゴーンに対する人権侵害について寄稿し、「ゴーンは保釈を却下され、取り調べ中に弁護士を伴うことは許されず、逮捕以降は家族と会うことも許されていない」と主張。さらに、「ゴーンに対する深刻な嫌疑や、彼の日産時代に絡んだ論争があろうとも、刑事告訴に直面している人は誰しも、このような形で権利を奪われるべきではない」と指摘した。

またキャロル夫人の書簡にはこんな記述もあるという。「毎日何時間も、検察官は弁護士が立ち会わない中で、なんとか自供を引き出すために、彼を取り調べし、脅し、説教し、叱責《しっせき》している」

夫人は、いわゆる「人質司法」を批判し、まだ有罪になっていないゴーンがあまりに不当に扱われているといいたいのである。さらに今後、別件の逮捕などによって当局はいつまでも勾留を続けることができ、自供するまで延々と密室での取り調べが続くことになる。

（中略）」


次のページでは「容疑者を追い詰める『自白偏重主義』」の見出しの後に以下の記述が続く。


そもそも外国からは、日本の刑事司法制度には問題があると見られている。キャロル夫人が示唆しているように、大きな問題は「自白偏重主義」だ。

（中略）

英ＢＢＣの記事は、有罪率が99％の日本では自供が「絶対的な証拠」になっていると指摘している。さらに容疑者は可視化されていない小さな取調室で自供するまで追い詰められるとも書いている

図表3・2で諸外国の無罪率を比較した。確かに日本の無罪率は諸外国に比べても低い。ただし、

日本の検察は有罪が見込める十分な証拠が得られた事件のみ起訴するため、有罪率が高くなる傾向がある点は否めない。しかし、刑事には疑わしきは被告人の利益にという大原則がある。可視化されていない取調室で追い詰められた末の自供を絶対的な証拠にして、えん罪を招いてしまっては本末転倒である。

ITmedia の記事は続ける。

図表 3.2 諸外国の無罪率

国名	無罪率（否認事件の無罪率）	説明
日本	0.1%（約 2.7%）	・2009 年 ・無罪率は通常、一審における全部無罪事件数／判決件数 ・否認事件無罪率は　否認事件の全部無罪判決／否認事件の解決件数
アメリカ（連邦）	約 0.4%（約 15%）	・2010 年 ・無罪率は、連邦事実審における無罪事件数／有罪答弁を含む全事件数 ・否認事件無罪率は　無罪事件数／公判が開かれた事件数
イギリス（イングランド及びウェールズ）	治安判事裁判所 約 2%（不明） クラウンコート 約 18%（62%）	・2009 年 ・無罪率は　無罪事件数／有罪答弁を含む全事件数 ・否認事件無罪率は　無罪事件数／無罪答弁事件数
フランス	重罪第 1 審 約 6.4%（不明） 軽罪第 1 審 約 4.3%（不明）	・2008 年 ・無罪率は　無罪宣告人員数／宣告人員数
ドイツ	約 4%（不明）	・2009 年 ・無罪率は　無罪事件／終局判決数
イタリア	約 20.7%（不明）	・2010 年のローマ地裁における統計 ・無罪率は　無罪件数／全処理件数
韓国	約 0.5%（不明）	・2012 年 ・無罪率は　一審無罪宣告人員数／一審宣告数

出典：法務省「諸外国の刑事司法制度（概要)」をもとに作成

米国や英国では、自白に頼る捜査はしない。基本的に、米英では事実のみを争うのだが、日本では動機も裁判で大事な要素となるために自供が重要になる。言うなれば、欧米などでは情状酌量に人情は介在しないが、その分、逆に人権はなるべく保証しようとする、といったところか。とにかく日本では、キャロル夫人が言うように、自供を取るために厳しい取調べが続けられるのである。

またBBCの記事は「日本人は伝統的に当局に楯突くのは良くないと考え、犯罪者はかなり簡単に自供してしまう」という専門家のコメントを紹介し、実際に身に覚えのない罪を過酷な取調べの後に認めてしまった人物のコメントも掲載している。

前述（2－5）のとおり、金子氏は「いやー、天下の警察・検察が署名しろって言ったから、まぁ、そういうものかなと思ったんですよ。ちょっと協力的すぎましたね。ハハハ」と発言している。

日本人のお上に対する従順さに便乗して、虚偽の自白を引き出す、違憲のおそれすらある捜査手法に金子氏も乗せられたわけである。

第4章

オラクルの1兆円の損害よりも社会全体の利益を優先させた米最高裁

4−1　スマホ向けOSアンドロイドの開発をめぐる著作権侵害でグーグルを訴えたオラクル

2021年4月、グーグルとオラクルのソフトウェアの著作権をめぐる訴訟で、米最高裁は総額90億ドル（1兆円）の損害賠償を求めていたオラクルの主張を退けた。

2005年、グーグルはスマートフォン向けOS（基本ソフト）「アンドロイド」を開発する際、オラクルの所有するアプリケーション・プログラム・インターフェイス（API）であるJava SEのコードの一部（全体の0・4％）を複製した。オラクルは著作権侵害で訴えたが、グーグルはフェアユースであると主張した。フェアユース規定は次章で詳しく説明するが、利用目的が公正（フェア）であれば、著作権者の許可がなくても著作物を利用できる米著作権法の規定である。

オラクルはJava コンピューター・プログラム言語を使用するコンピューター・プラットフォーム、Java SE の著作権を保有している。2005年、グーグルはアンドロイド社を買収し、携帯機器用のアンドロイドOSの開発に乗り出した。何百万人ものプログラマーが、Java のプログラミング言語に習熟して、新しいアンドロイド・プラットフォームと連動できるようにJava SE プログラムのコード約11500行を複製した。複製したのはアプリケーション・プログラミング・インターフェイス（ＡＰＩ）とよばれるツールだった。プログラマーはＡＰＩによってあらかじめ書き込まれたコンピューティング・タスクを自分のプログラムに呼び出すことができる。

長引いた訴訟で下級審は、①Java SEの所有者はＡＰＩからのコードの複製を著作権で保護できるのか　②できるとしたら、グーグルの複製行為はフェアユースに該当するのか　の2点について検討した。控訴審は、①について複製されたコードには著作権があることを認めたが、②についてはグーグルのフェアユースを認めた地裁判決を覆した。

米最高裁も以下の理由でオラクルの主張を認めるのではないかと見られていた。

①米最高裁の求めに応じて訟務長官がグーグルの著作権侵害を認める意見を提出した。

②米最高裁は9名の裁判官で構成するが、トランプ前大統領が任命したバレット裁判官（保守派）は、2020年10月の口頭弁論には上院の承認前だったため参加しなかった。このため、4対4の評決になる可能性もあった。その場合は控訴審判決が維持されるためオラクルの勝訴となる。

③口頭弁論に参加した8名の裁判官の構成も保守派が5名、リベラル派が3名と保守派が多い。

4-2 大方の予想に反し控訴審判決を覆した米最高裁

ところが、米最高裁は6対2の評決でグーグルのフェアユースを認めた。日本円にすると1兆円（90億ドル）の損害賠償よりも、イノベーションを優先させる判決を可能にするフェアユースの威力をあらためて見せつけた。以下、判決文(筆者なりの要約を含む)に注を加えながら紹介する。

判決

グーグルのプログラマーが、新しい変容的なプログラムを開発するためにJava SEのAPIコードを必要な行数だけ複製することはフェアユースに該当する。

注：米最高裁は1994年の判決で、パロディのように別の作品を作るための原作品の変容的利用（transformative use）はフェアユースであるとした。以来、変容的利用に

合衆国最高裁判所 (Wikipedia)

はフェアユースが認められやすい。

フェアユースの理論は弾力的で、テクノロジーの変化を考慮に入れている。コンピューター・プログラムは常に機能的目的を果たす点で、他の多くの著作物とは異なっている。この相違ゆえにフェアユースはコンピューター・プログラムに重要な役割を果たしている。なぜならフェアユースによって、コンピューター・プログラムに与えられた著作権法上の独占が合法な範囲内に収まっているかについて、文脈にもとづいた判断が可能になるからである。

判定に際し考慮すべき4要素の分析

原著作物の性質（第2要素）：コピーされたコードはユーザー・インターフェースの一部で、著作権で保護されないアイディア（APIの全体的構成）と新たな創造的表現（グーグルが独自に書いたコード）が一体になっている➡原著作物の性質はフェアユースに有利。

利用の目的および性質（第1要素）：グーグルの目的は異なるコンピューティング環境（スマー

トフォン）における異なるタスク関連システムを創出し、その目的の達成・普及を助けるプラットフォーム（アンドロイド・プラットフォーム）を創出することだった➡変容的利用のためフェアユースに有利。

利用された部分の量および実質性（第3要素）：グーグルはAPIから宣言コードの11400行を複製したが、それは286万行ある宣言コードの0・4％にすぎない➡フェアユースに有利。

原著作物の潜在的市場または価値に対する利用の影響（第4要素）：①グーグルの新スマートフォン・プラットフォームはJava SEの市場を奪うものではない。②SEの著作権保持者はインターフェイスを別の市場に再実装することによって便益を受けることができる。こうした状況下で、著作権を適用することは公衆に創造性関連の損害をもたらすリスクを伴う。➡フェアユースに有利。

注：4要素は必ず満たさなければならない要件ではなく、要素なので、不利な要素があっても有利な要素の数が上回れば、総合判定でフェアユースが認められるが、今回、米最高裁は4要素すべてについてフェアユースに有利と判定した。

結論

コンピューター・プログラムは本来機能的であるという事実は、伝統的な著作権の概念をこの技術領域に適用することを困難にする。当裁判所の判例および議会のフェアユース規定の原則を本件のように明確に著作権で保護された作品に適用した結果、当裁判所は以下の結論に達した。

グーグルがユーザーの技能を活用して、新しい変容的プログラム開発目的で、ユーザー・インターフェイスを再実装するために、APIを必要部分だけ複製することは原作品のフェアユースに該当する。

4-3　米最高裁判決にインパクトを与えたアミカスブリーフ

米最高裁での口頭弁論では、裁判官達はAPIや宣言コードを理解するのに苦慮。グーグルの弁護士も説明に悪戦苦闘した。このため、口頭弁論終了時にはオラクル有利の観測が広まった。

そうした観測を覆す判決に影響を与えたのが、米国にある裁判中の事件に対して当事者以外の第三者でも意見を出せる制度だった。以下、アミカスブリーフ(amicus brief)とよばれる法廷助言書が、今回の判決にした役割について振り返る。

①支持するアミカスブリーフの数では両者とも30前後と拮抗しているが、判決ではグーグル支持の9件のアミカスブリーフが引用されている。

②公益団体もグーグルを支持した。中でも米国反トラスト協会は、控訴審が排他的権利と競争のバランスをはかることによって、イノベーションと競争を促進する著作権法の目的を考慮せず、競争面を無視した判決を下した点を批判、ソフトウェア市場のイノベーションと競争を遅らせる判決を覆すよう促した。

米最高裁判決はフェアユース判定の第4要素、「原著作物の潜在的市場に与える影響」(前述4－2参照)を判断する際にこの考え方を採用し、オラクルが著作権を行使することによって得る利益と、Java APIを学んだユーザーが開発する創造的改良によって得られる公共的利益を比較衡量すると、著作権行使は著作権本来の目的である創造性を阻害するとした。

③法学者も97名がグーグル支持、11名がオラクル支持と圧倒的にグーグル支持が多かった。

④ライバルでもあるマイクロソフト、ＩＢＭなどのＩＴ巨人もグーグルを支持した。
⑤最も強力なオラクル支持のアミカスブリーフは合衆国政府のもの。①のとおり、訟務長官はグーグルの侵害を認める連邦巡回控訴裁判所の判決を支持するアミカスブリーフを提出した。これまでの例でも米最高裁は訟務長官の意見を7～8割方採用してきたが、今回は採用しなかった。
⑥権利者団体は当然オラクルを支持した。しかし、権利者よりの米国知的財産法協会は結論としては中立ながら、実質グーグル寄りのアミカスブリーフを提出した。
⑦米連邦裁判所の裁判官は、米最高裁を含めて大統領が上院の承認を経て任命するため、党派色がはっきりしている。２０２０年10月の口頭弁論に参加した8名の裁判官の構成は保守派が5名、リベラル派が3名だった。ところが、今回は多数意見を書いたブライヤー裁判官を含む3名のリベラル派に、保守派の3名も加わって6対2の判決となった。

②の米国反トラスト協会のアミカスブリーフについて理解を助ける図（図表4・2）があるので、次節で紹介する。

4-4　著作権保護と社会全体の利益

図表4・2がその図である。まず、図の解説を出典から引用する。

横軸Zは権利保護の強さを表し、左の端が保護が全く無い状態で、右に進むほど権利保護が強くなる。例えば右に進むほど私的コピーが厳しく取り締まられる。あるいは権利保護期間が長くなると考えればよい。縦軸のうち右側は創作者の便益C（生産者余剰）を表す。創作者の便益は、権利の保護が強まるほど収益の機会が増えるので曲線C（Z）が示すように右上がりに増加する。ただし、あまり保護を強めすぎると利用者の反発のために売上げが減少して収益は下がる可能性があり、

図表4.2 著作権の最適保護水準の概念図

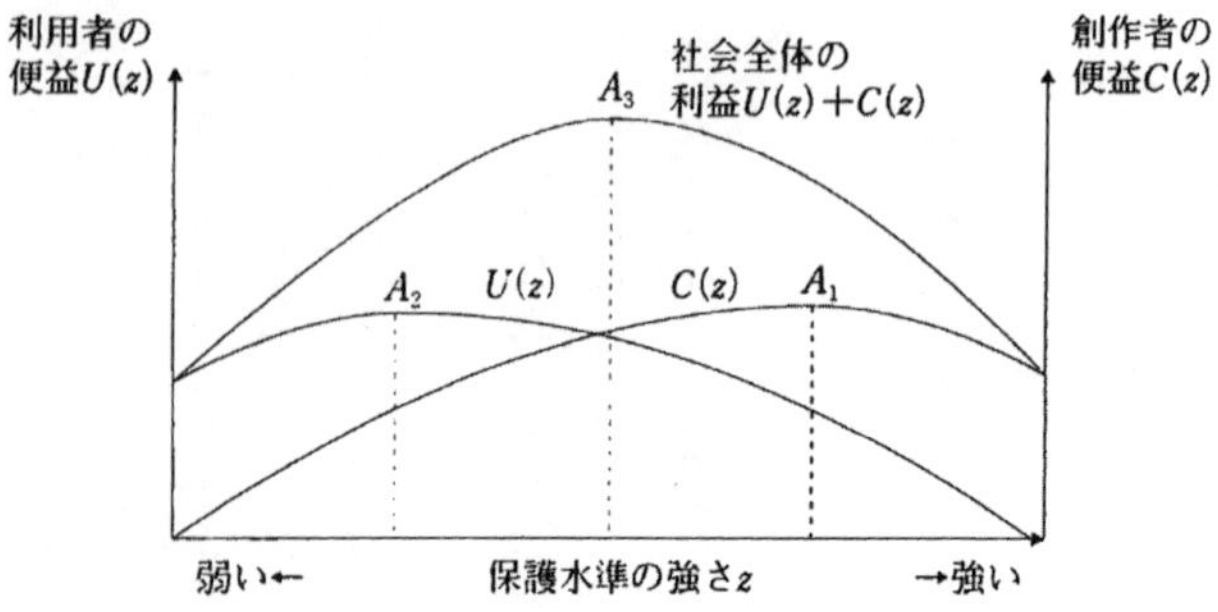

出典：田中辰雄・林紘一郎編著『著作権保護期間―延長は文化を振興するか？』（勁草書房）

図ではこれを反映してA_1点で逆転するように描いてある。

縦軸の左側は利用者の収益U（消費者余剰）である。利用者にとっては保護が弱いほど自由な利用が可能になって便益が上昇するので、曲線U（z）はZが小さくなるほど、すなわち左に進むほど増加する。ただし、保護があまりに弱くなると創作物がまったく供給されなくなり、利用者の便益は下がりはじめる可能性がある。図ではこれを反映しA_2で逆転するように描いてある。

社会全体の便益（社会余剰）は、創作者の利益と利用者の利益の和S（z）＝U（z）＋C（z）で表され、図1のように上に凸の曲線になる。社会全体の利益が最大になるにはA_3点である。権利保護の水準が左端の方に近くても右端に近くても社会的便益は減少し、便益は権利の強度が中庸のどこかで最大になる。

A_1点の反転については注で「常に反転が起こるというわけではないが、反転を示唆する現象は多く見られる」として、「音楽配信で、強いＤＲＭ（コピー防止技術）をかけた日本の配信事業が伸び悩み、ＤＲＭを弱めたiTunesなどの配信事業が伸びているのも、強すぎる保護が創作者の便益

をかえって失わせた事例」ほかを挙げている。

4-5　木の枝を切り込みすぎて幹を殺してはいけない

強すぎる保護が人々を音楽から遠ざけてしまう最近の事例を紹介する。

朝日新聞デジタルの「父の葬儀、流せなかった思い出の曲　著作権の関係は?」によると、ミュージシャンの佐藤龍一さんは、葬儀で父親の好きだった「江差追分」を流そうとした。しかし、著作権の切れた民謡であるにもかかわらず葬儀会社に断られたため、2017年2月にツイッターで発信したところ、たちまち7000件以上リツイートされた。

葬儀会社はJASRACと契約しているが、JASRACは葬儀会社の音源ではなく、遺族が持ち込む音源でも葬儀会社が用意する装置で流せば、カラオケ法理が適用されて流す主体は葬儀会社だとしている。カラオケ法理については後述(6-7)でも詳しく解説するが、最高裁が1988年のクラブキャッツアイ判決で生み出した法理で、①葬儀を管理している、②葬儀で利益をあげている、という理由で葬儀会社が曲を流す主体とされるのである。

持ち込んだ曲でも葬儀会社の設備で流せば、流す主体は葬儀会社であり、葬儀会社は営利目的なので、ＪＡＳＲＡＣの許諾（ＪＡＳＲＡＣと契約している場合は使用料の支払い）が必要になる。佐藤さんの葬儀会社も民謡が著作権切れであることを知らなかったこともあるが、こうした解釈が影響して、事なかれ主義で断ってしまった。厳しい規制が自主規制を生んで、委縮効果を招いているのである。

ＪＡＳＲＡＣは２０１７年、音楽教室から著作権使用料を徴収する方針を発表した。現在でも練習の成果を発表するコンサートからは使用料を徴収している。

教室での練習にも使用料を課そうとするこの方針に反対するヤマハなど音楽教室事業者（以下、音楽教室側）は、ＪＡＳＲＡＣに使用料を徴収する権限がないことを確認する訴訟を東京地裁に提起した。訴状によるとツイッターでは60万の批判的ツイートが寄せられた。音楽教室側は3か月間に約57万人の使用料徴収に対する反対署名を集め文化庁に提出した。ツイッターでの60万の批判的ツイートと合わせると１１７万人がＪＡＳＲＡＣの方針に異議を唱えたことになる。

１１７万人という数にも驚くが、坂本龍一氏ほかＪＡＳＲＡＣから使用料を受け取る側の大物ミュージシャンも反対した。国会でも二度にわたって質問主意書が提出され、政府は安倍総理名で回答。地方議会でも、武蔵野市議会からこの問題に対して慎重な対応を求める意見書が内閣総理大臣と文部科学大臣あてに提出された。

詳しくは拙著『JASRACと著作権、これでいいのか――強硬路線に100万人が異議』（ポエムピース、2018年）に譲るが、このように社会問題化した音楽教室からの使用料徴収方針から も、今回JASRACが少し踏み込み過ぎた観は否めない。

著作権法の権威である中山信弘東大名誉教授は「音楽教室の例で言えば、木の枝を切り込みすぎて幹を殺してはいけない。音楽教室に対して必要以上に著作権者の権利を主張すれば、音楽文化が発展しなくなるかもしれない」と指摘している。

4-6 ダンス教室事件判決後の教室の対応

JASRACを訴えた訴訟で、音楽教室側は東京地裁では敗訴したが（2020年2月）、知財高裁ではその主張が一部認められた。知財高裁は教師の模範演奏と生徒の練習のための演奏に分け、生徒の演奏については、使用料支払い義務はないとした（2021年3月）。

最高裁もこれを支持したため（2022年10月、詳細は後述6-7参照）、音楽教室側にとって生徒の練習のための演奏にも使用料支払い義務が発生するという最悪の事態は免れたが、教師の模範演奏には支払う義務が生じた。

ＪＡＳＲＡＣは音楽教室から授業料の2・5％の支払いを主張したが、判決により支払い義務が発生するのは生徒の演奏や教師の伴奏を除いた教師の模範演奏に限られた。このため、料率はかなり下がると思うが、音楽教室とＪＡＳＲＡＣの交渉によって決まるので、予断を許さない。

音楽著作権に詳しい安藤和弘・東洋大教授は次のように指摘する。

「生徒の演奏からは徴収できないとの判断が確定したことでＪＡＳＲＡＣは使用料の見直しを迫られることになる。大幅な減額は避けられず、分配業務の手間を考えれば採算が取れるかどうかも疑問だ。音楽教室からの徴収については57万筆以上の反対署名が集まるなど反発が大きい。教室が果たしてきた役割を考慮すれば、ＪＡＳＲＡＣは徴収断念も選択肢として考えるべきだろう」（東京新聞、2022年10月25日）。

これに対し、ＪＡＳＲＡＣ伊沢一雅理事長は記者会見で次の発言をしている。

「2・5％の利用料の見直しについては『いま下げる、下げないということについて、答えを持ち合わせていない』と言明を避けたものの、『判決を受けて、にわかに変更するべきだとは思っていない』と語った」（朝日新聞、2022年10月25日）。

JASRACのこうしたスタンスから懸念されるのが、名古屋高裁ダンス教室事件判決後のダンス教室の対応である。

JASRACが使用料を払わずに教室を運営していたダンス教室を訴えた事件で、2004年名古屋高裁は、誰でも入会できるのならば少数の会員相手でも公衆に対する演奏に当たり、無許可の演奏は著作権侵害になるとする判決を下した。判決を受けて、ダンス教室は使用料を支払っているが、生徒数の少ない教室などから負担を訴える声が出たため、日本ボールルームダンス連盟は著作権切れの古い曲ばかり集めたCDを用意している。

個人経営も多い音楽教室も料率が下がらないと、同じようなことが起こるおそれは十分ある。現に2019年7月に東京地裁で開催された証人尋問で、音楽教室側の証人の一人は使用料徴収が認められたら、JASRACの管理している楽曲は使わないと証言した（アゴラの拙稿「音楽教室対JASRAC訴訟：潜入調査の職員と会長が注目の証言」https://agora-web.jp/archives/2040296-2.html参照）。

ダンス教室に通う大人と違って、音楽教室に通う子どもの場合、今流行っている曲が弾けないようでは音楽に対する興味を失って、教室に通うのをやめかねないだけに料率の決定にあたってはJASRACの柔軟な対応が望まれる。

以上、JASRAC関連の話をまとめると、JASRACは、「音楽の著作物の著作権を保護し、あわせて音楽の著作物の利用の円滑を図り、もって音楽文化の普及発展に寄与すること」を事業目的に掲げている（JASRACのホームページより）。図表4・2でいえばA_3点を目指すべきである。にもかかわらず前述（4－5）のとおり、A_1点の反転を超えた強すぎる保護が創作者の便益をかえって損なうとともに社会的便益も減少させているのである。

ノーベル経済学賞を受賞したポール・クルーグマン教授は、こうした状態を「市場の失敗」と呼んでいる。教授は共著の『クルーグマンミクロ経済学　第2版』（東洋経済新報社）で、「市場の失敗」を「個人の自己利益の追求が社会全体に悪い結果をもたらす場合」と定義している。この「市場の失敗」に対する有力な解決策が第6章、第7章で紹介するフェアユースである。

第5章

金子勇の悲劇を繰り返さないための提言

本章以降で、金子勇の悲劇を招いたわが国の法改正についての提言をする。最大の提言である日本版フェアユースの導入については、第6章と第7章で紹介するので、本章ではそれ以外の法改正について紹介する。

5-1 提言1：第三者意見募集制度の著作権法への導入のすすめ

アミカスブリーフは当事者以外も出せるので、注目を集める事件の場合には、多数、提出される。特に米最高裁が取り上げる事件は、それが最終判断となることもあって、人々の関心も高く、その数も多くなる。

日本でも訴訟当事者が学者などに鑑定意見を書いてもらって裁判所に提出する制度はある。しかし、米国のように事件関係者にかぎらず誰でも提出でき、事件について衆知を集めることができるアミカスブリーフは裁判所にとっても参考になるはずである。

前述（4-3）のとおり、アミカスブリーフはオラクルの1兆円の損害よりも社会全体の利益になるイノベーションを優先させた米最高裁判決にインパクトを与えた。

筆者は2005年に、ファイル交換ソフトの著作権侵害責任が問われたグロクスター事件の米最高裁での口頭弁論を傍聴したが、この時にアミカスブリーフの効用を実感した。提出された40以上のアミカスブリーフを一通り読んで口頭弁論に臨んだが、その中に米国の特許法に古くからある理論を適用すべきだとの意見があった。良いアイディアだなと思っていたら、最高裁判決もこの理論を採用した。

こうした経験から、拙著『著作権法がソーシャルメディアを殺す』（ＰＨＰ研究所）で、司法による著作権法改革の具体策として提案したところ、知財高裁が試行的に採用した。

２０１４年、米アップル日本法人と韓国サムスン電子が、スマホの通信技術の特許の使用条件をめぐって争った訴訟の控訴審で、知財高裁は訴訟の争点についての意見を公募した。日本では初の試みで、判決も約2ページを割いて意見の概要を紹介し、最後に「これらの意見は、裁判所が広い視野に立って適正な判断を示すための貴重かつ有益な資料であり……」として、意見提出者に謝意を表している。試行実施だったが、裁判所が広い視野に立って適正な判断を示すには、衆知を集めた方がよいことは米国のアミカスブリーフ制度が実証している。

この制度があれば、ウィニー事件でも有罪判決は免れられたかもしれない。「金子勇との7年半」によれば、壇氏が金子氏の保釈金を用意するため銀行口座を開いたところ、支援金は口座開設日に

105名から合計123万円も振り込まれ、最終的に1600万円を超えた（「金子勇との7年半」「5・支援金と2ちゃんねる」）。こうした支援者の中には金銭的支援だけではなく、無罪を主張するアミカスブリーフを書く支援者も少なからずいたはずである。

裁判で弁護側が立てた証人は村井氏などそうそうたる顔ぶれだった。村井氏は当初の証言予定日を小泉総理が出席する会合と重なってリスケジュールしたほどの大物。

以下は、その時の村井氏からの電話の内容である（「金子勇との7年半」「23・ミスターインターネット」より）。

2005年8月25日、村井教授から電話があった。「あのさ。まだオフレコなんだけど、学術振興会の理事になることになって、尋問の日だけど純ちゃんが来ることになって、あっち休んじゃ駄目になったんだ。……純ちゃん？　内閣総理大臣の純ちゃんだよ。申し訳ない。

内閣総理大臣を純ちゃんって……。

村井氏の技術立証については、2010年から2019年まで最高裁裁判官を務めた岡部喜代子氏が9年間で最も良い印象が残った弁護活動にあげている。

以下、「ＬＩＢＲＡ ２０１９年12月号インタビュー岡部喜代子さん」(https://www.toben.or.jp/message/libra/pdf/2019_12/p20-24.pdf) から抜粋する。

――最高裁判事の立場からみて、弁護士の活動で良い印象が残ったものはありますか。

そうですね、Winny 事件というのを担当しました。「Winny」って当時としてはかなり最先端のＩＴ技術でしょう。私は初め分からなかった。これはどうしようかなと思って記録をずっと読んでいったら下級審で証人尋問をしていた。「Winny」の中身というか、どういう技術なのかということについて専門家を呼んで弁護人が尋問しているのですが、その尋問がすごく良くできていて、私みたいな人にも、「Winny」たるものは何なのか、どういう技術でどれだけ大事なのかということが本当に読んでいたら分かってきました。裁判官がどこを疑問に思うのかということを理解しているのだと思いました。

ウィニー事件でも、弁護団は村井氏に当初、鑑定意見を書いてもらおうとしたが、裁判所が認めなかったため証言をお願いしている（壇氏談）。日本にもアミカスブリーフ制度があって、こうした大物証人が意見を提出していれば、地裁も無罪判決を下していたかもしれない。

リツイート事件最高裁判決

日本にもアミカスブリーフ制度があれば異なった結論もありえたと思われる最近の判例にリツイート事件最高裁判決がある。第4章のとおり、米最高裁はオラクルの1兆円の損害賠償よりも社会全体の利益を優先してグーグルのフェアユースを認めた。フェアユースは米国ではベンチャー企業の資本金ともよばれるようにシリコンバレー発の米ＩＴ企業の躍進に貢献した。

その米ＩＴ企業のツイッター社に対して、２０２０年、日本の最高裁は著作権侵害の判決を下した。日本にはフェアユースがないとはいえ、ツイッター社もこの判決に驚いたと思われる。フェアユースのない日本でもアミカスブリーフがあれば、たとえば、後述する林裁判官の反対意見のような意見も提出されて、異なる判決が出されていた可能性もある。

その最高裁判決を筆者なりに要約したり、抜粋しながら紹介する。

事実関係

写真家Xはツイッター社Yに対し、ツイッターのシステム上生じるトリミングによって氏名表示権を侵害されたとして、プロバイダー責任制限法にもとづき発信者情報の開示を求めた。プロバイダー責任制限法は、投稿をした人（発信者）の情報開示を求めるには「侵害情報の流通によって権利が侵害されたことが明らかであるとき」などの要件を課している（4条1項）。このため、Xは氏名表示権の侵害を主張したが、これについてのYの主張と最高裁の判断を紹介する。

Yは、①リツイート者はリツイートによって著作権の侵害となる著作物を利用していないから、著作権法19条1項の「著作物の公衆への提供若しくは提示」をしていない　②ウェブページを閲覧するユーザーは、リツイート記事中の表示画像をクリックすれば、氏名表示部分がある元画像を見ることができることから、リツイート者は、リツイート写真につき「すでに著作者が表示しているところに従って著作者名を表示」（同条2項）しているといえる　と主張した。

最高裁の判断

Yの①の主張に対して

著作権法19条1項は、「著作者は、著作物の公衆への提供若しくは提示に際し、氏名を表示する権利を有する」と定めている。この「著作物の公衆への提供若しくは提示」は、複製権（21条）、公衆送信権（23条）などに係る著作物の利用を要しないと解するのが相当である。したがって、リツイート者が権利の侵害となる著作物の利用をしていなくても、ウェブページを閲覧するユーザーの端末の画面上に著作物である画像を表示したことは、「著作物の公衆への提供若しくは提示」にあたるということができる。

Yの②の主張に対して

リツイート記事中の表示画像をクリックすれば、氏名表示部分がある元画像を見ることができるとしても、表示画像が表示されているウェブページとは別個のウェブページに本件氏名表示部分があるというにとどまり、ウェブページを閲覧するユーザーは、表示画像をクリックしない限り、著作者名の表示を目にすることはない。また、ユーザーが表示画像を通常クリックするといえるような事情もうかがわれない。

そうすると、各リツイート記事中の各表示画像をクリックすれば、氏名表示部分がある元画像を見ることができるということをもって、各リツイート者が著作者名を表示したことになるものではないというべきである。
結論：リツイート者は、各リツイートによりXの氏名表示権を侵害したものというべきである。

戸倉三郎裁判官の補足意見

元画像の上下がトリミングされて氏名表示部分が表示されなくなったのは、ツイッターのシステムの仕様がそのような処理をするようになっているためであり、そのような仕様であることを知らないリツイート者は、元の画像の形状や著作者名の表示の位置、元ツイートにおける画像の配置の仕方等によっては、意図せざる氏名表示権の侵害をしてしまう可能性がある。
著作者人格権の保護やツイッター利用者の負担回避という観点はもとより、社会的に重要なインフラとなった情報流通サービスの提供者の社会的責務という観点からも、Yにおいて、ツイッター利用者に対する周知等の適切な対応をすることが期待される。

林景一裁判官の反対意見

本件においては、元ツイート画像自体は、通常人には、これを拡散することが不適切であるとはみえないものであるから、一般のツイッター利用者の観点からは、わいせつ画像等とは趣を異にする問題であるといえる。

そのようなものであっても、ツイートの主題とは無縁の付随的な画像を含め、あらゆるツイート画像について、これをリツイートしようとする者は、その出所や著作者の同意等について逐一調査、確認しなければならないことになる。これはツイッター利用者に大きな負担を強いるものであるといわざるを得ず、権利侵害の判断を直ちにすることが困難な場合にはリツイート自体を差し控えるほかないことになるなどの事態をもたらしかねない。

田村善之東大教授の見解

最高裁判決に対する学者や実務家の見解は賛否が分かれるが、田村善之東大教授は「寛容的利用が違法とされた不幸な経緯に関する一考察」『法律時報』（2020年10月号）で興味深い見方をしている。

寛容的利用（tolerated use）については、具体例として筆者が10年ほど前にサンフランシスコで開催されたセミナーで聴いたグーグルの社内弁護士の話を紹介する。自社の著作物を無断で使用した動画をアップされた企業の法務担当が、ユーチューブに動画を削除させたところ、その企業の営業担当からクレームがついた。高い広告費を払うテレビ広告よりもはるかに効果的な自社の宣伝を、無料でしてくれている動画をなぜ削除させてしまうのかというクレームである。寛容的利用はこのようにフェアユースにも該当しない違法な利用であるが、プローモーション効果などの観点から黙認される利用である。

以下、記事から抜粋する。

本件はインターネット上で広く許容されており、リツイートに不可視的に随伴するものであって、これまで特に問題視されることもなかった「寛容的利用」が、たまたま不幸な経緯が重なって、訴訟の対象に選ばれてしまった事件であるといえるかもしれない。

この見立てが正しいのだとすると、本件のリツイート関連の訴訟は、もしかすると誰も真剣には違法視することを求めていないにもかかわらず訴訟の対象に選ばれてしまっている。そのような状況下で仮に侵害を肯定する結論をとらざるを得ないのであれば、不必要に違法であることを明らかにして寛容的利用を萎縮させることを防ぐために、やはり上告を受理することなく、発信者情報開示請求に関する解釈論を研ぎ澄ましたり、立法による対応を進展したりすることによって、この種の訴訟が雲散霧消するのを待つべきであったように思われる。

グーグルが社運をかけた二度にわたる10年越しの訴訟で、フェアユースが認められる決め手になったのが、この寛容的利用だったことを考慮すると（前述4－2参照）、今回、最高裁は判決によって寛容的利用の道を閉ざさずに、上告不受理という消極的対応によってでも、今後の展開にゆだねるべきだったとするもっともな主張である。

（中略）そして、まさにこうした寛容的利用に対処するために権利を制限する一般条項が存在する。フェアユースに相当する条項を欠く著作財産権と異なり、同一性保持権侵害や氏名表示権侵害に対してはこれを制限する一般条項（20条2項4号、19条3項）があるのであるから、これらの情報を活用して寛容的利用に関して通用している一般の規範を吸い上げることが本来望ましい解決であったのだろう。

著作権は、お金に関係する「著作権（財産権）」と名誉に関係する「著作者人格権」に大別される。著作権を制限する一般条項の代表例は、公正な利用であれば著作権者の許可なしの利用を認めるフェアユースだが、日本の著作権法にはこの規定はない。

ただし、著作者人格権については、たとえば、氏名表示権について定めた19条は3項に「著作者名の表示は、著作物の利用の目的及び態様に照らし著作者が創作者であることを主張する利益を害するおそれがないと認められるときは、公正な慣行に反しない限り、省略することができる」という権利制限の一般条項を置いている。こうした規定を活用して寛容的利用を救うべきだったとする主張である。

小括

著作権法を厳格に解釈すれば、最高裁判決や戸倉裁判官の補足意見のとおりだが、田村氏の指摘する一般に通用している規範を吸い上げれば、林裁判官の反対意見の方が実態に即した意見かもしれない。

このように判決に衆知を集めることができるアミカスブリーフについて、特許法には２０２１年の改正で、日本版アミカスブリーフといえる第三者意見募集制度が導入された。改正を提案した経産省の小委員会報告書は、「ＡＩ・ＩｏＴ技術の時代においては、特許権侵害訴訟は、これまで以上に高度化・複雑化することが想定され、裁判官が必要に応じてより幅広い意見を参考にして判断を行えるようにするための環境を整備することが益々重要となっている」とした。こうした指摘は著作権法にもあてはまるので、この制度を著作権法にも導入する提案をしたい。

第三者意見募集制度の著作権法への導入を提案するもう一つの理由は、著作権法は憲法で保障された「表現の自由」を保護する重要な役割も担っているからである。

１９９８年、米議会は著作権保護期間を著作権者の死後50年から70年に延長した。これに対して、憲法学者らが表現の自由を侵害するなどと主張して違憲訴訟を提起、最高裁は合憲判決を下したが、5人のノーベル賞受賞者を含む経済学者らがアミカスブリーフを提出した（林紘一郎編『著作権の法と経済学』（勁草書房）第5章の拙稿「権利保護期間延長の経済分析：エルドレッド判決を素材として」参照）。

日本でも、憲法学者の長谷部恭男早稲田大学大学院教授が「表現の自由と著作権の保護との衝突の可能性、一歩手前のバッファーとしてのfair use条項の意義」について論じている（後述7－4参照）。

パロディも米国では1994年の米最高裁判決でフェアユースが認められたが、日本では、1980年の最高裁判決で著作権侵害とされて以来、未だに合法化されていない（後述7－3参照）。表現の自由保護の観点からも第三者意見募集制度の著作権法への導入を提案したい。

5－2 提言2：審議会の構成員は中立委員だけに絞る

提言1の日本版アミカスブリーフおよび次章以降で提言する日本版フェアユースを導入するには、いずれも著作権法の改正が必要になるが、改正について審議

図表5.1 文化審議会著作権分科会委員構成（2022年6月現在）

委員の所属	委員数
大学教授	6人
弁護士・弁理士	2人
マスコミ	2人（NHK、日本テレビ）
権利者団体	15人（日本写真著作権協会、日本書籍出版協会、日本映画製作者連盟、日本文藝家協会、日本ネットクリエイター協会、日本レコード協会、日本新聞協会、日本民間放送連盟、日本芸能実演家団体、日本美術家連盟、日本映像ソフト協会、日本経済団体連合会、日本コンピュータソフトウェア著作権協会、ネットワーク音楽著作権連絡協議会、日本音楽著作権協会）
利用者団体	2人（日本消費者協会、日本図書館協会）
合計	27人

注：( ) 内は委員が代表する団体名 出典：文化庁ホームページより

する文化審議会著作権分科会に対する提言もある。

図表5・1は現在の文化審議会著作権分科会の委員構成である。著作権法は権利保護と利用促進をバランスさせることを目的としている（第1条）。にもかかわらず、権利者団体の委員15人に対し、利用者団体の委員2人というアンバランスな委員構成では、権利を強化する改正は通しやすいが、権利を制限するような改正は難しくなる。その好例が、後述（6－2）で紹介するように二度にわたって検討したにもかかわらず、いまだに道半ばの日本版フェアユースの導入である。

審議会が関係者の利害調整の場になってしまうため、デジタル時代にアナログ的対応を繰り返す悪循環を断ち切るには、2012年に経済産業省が立ち上げた電力システム改革専門委員会の委員を務めた、八田達夫アジア成長研究所長（当時）の以下の示唆が参考になる（八田達夫「経済教室　成長戦略はどこへ行ったか㊤　岩盤規制支える体制崩せ」『日経新聞』2015年11月6日）。

審議会では、利害関係者の意見も十分に聞かねばならないが、本体のメンバーは公益代表のみにすべきである。実際に審議会メンバー見直しの成功例がある。電力システム改革専門委員会だ。以前の電気事業審議会は、各電力会社の経営者、労働組合、消費者団体や大手の需要家

など利益代表者の利害調整の舞台だった。しかし今回の委員会は利害関係者の意見を十分に聞きながら、中立委員のみが議論する仕組みを採ったことで発送電分離の決定をした。この委員会の成功は、今後の日本全体の審議会の在り方に大きな示唆を与えている。

欧米では1980年代から進められてきた発送電分離が、利害関係者が委員に加わっている委員会では実現しなかったが、原発事故という大惨事が発生したことによって、委員会を中立委員だけに絞ることができてはじめて実現できた。

著作権法改革についても、利害関係者が委員の多数を占める現在の著作権分科会では実現が難しいようであれば、委員を中立委員だけに絞ることも視野に入れて検討すべきである。

文化審議会著作権分科会の場合、図表5・1のとおり権利者団体の委員が6割以上を占めている。その理由として、ある団体を入れて別の団体を外すわけにはいかないので、総花的に入れている可能性も考えられる。そうであれば、すべて外して中立委員だけに絞った方がよいのではないか。

電力システム改革専門委員会の場合、東日本大震災が大改革を可能にしたといえるかもしれないが、そうした天災地変でもないかぎり変われないというのでは、まさに「ゆでガエル」病である。

ゆで上がって「国破れて著作権法あり」状態に陥る前に手を打つべきである。

5-3　提言3：取調べに弁護士の立会いを義務づける

金子氏の悲劇を繰り返さないための法改正の提言は著作権法以外の分野にもある。前述(2-5)のとおり、「金子勇との

図表 5.2 諸外国の弁護人立会い制度

国名	内容
日本	なし
アメリカ（連邦）	身柄拘束中の被疑者の取調べについて、被疑者の求めがある場合、弁護人を立ち会わせる必要あり（被疑者の権利放棄は可能）
イギリス（イングランド及びウェールズ）	被疑者の求めがある場合、弁護人を立ち会わせる必要あり（被疑者の権利放棄は可能。一定の事由がある場合は立ち会わせなくてよい）
フランス	予審判事による予審対象者の取調べ及び警察官による被疑者の取調べについて、弁護人立会いの下で、又は弁護人を呼び出した上でなければ取調べ不可（権利の放棄は可能。警察留置中の被疑者の取調べについては、弁護人立会いを一定期間禁止することが可能）
ドイツ	捜査裁判官・検察官による被疑者の尋問・取調べについて、弁護人に立会権あり（ただし、弁護人は、差支えを理由とする期日変更を請求できない。警察官による被疑者の取調べについては、義務付けなし）
イタリア	身柄拘束の有無にかかわらず、取調べの２４時間前に弁護人に通知しなければならず、弁護人の要求があれば立ち会わせる義務あり（警察官による被疑者の取調べにおいて、被疑者から自発的申告の聴取を行う場合等の例外があるが、証拠使用に制限を受ける）
韓国	身柄拘束の有無にかかわらず、被疑者等の求めがある場合、弁護人を立ち会わせなければならない（ただし、弁護人が取調べに不当に介入するなどした場合、取調官において弁護人を退去させることができる）

出典：法務省「諸外国の刑事司法制度（概要）」をもとに作成

7年半」によると金子氏は以下のように、検察の作文した虚偽の自白に署名させられた。

彼は12日に勾留質問で裁判所に行ったところ、著作権侵害を蔓延する目的でWinnyを作ったという点について否定したのである。

著作権侵害蔓延目的ではない。それは真実そのままなので、彼が裁判所でそう答えたのは当然である。しかし、その報告を聞いて慌てたのは著作権侵害目的で「自白を取れた！」と思い込んでいた検察官である。その日の夜に警察まで行って、「裁判所での発言は嘘です、弁護士に入れ知恵されたのでそう言ったのです」という調書を作文して、署名を迫って金子に署名させたのである。

図表5・2のとおり、諸外国では取調べについて弁護人の立会いが認められている。この表にはアジアは日本と韓国しかないが、2020年8月27日の第3回「法務・検察行政刷新会議議事録」によると、後藤昭一橋大学・青山学院大学名誉教授は「極東の諸国では、韓国、台湾は既にこれを認めているなかで、中国と北朝鮮と日本はそれを認めていません」と指摘している（法務省ホーム

ページより）。

国会議員やエリート官僚ですら太刀打ちできない取調べ

２０２１年9月10日、広島で開催された国選弁護シンポジウム「取調べ前に国選弁護人による接見を！　～逮捕段階の公的弁護制度、接見交通権最前線、そして取調べ立会いへの展望～」基調報告書１７９ページの注97に、前述（３－５）で紹介した郵便不正事件で検察による事件捏造の被害者となった村木氏の以下の陳述が紹介されている。

「検察の在り方検討会議」において、参考人としてヒアリングを受けた村木厚子氏は、「取調べ」という場では、プロのボクサー（捜査官）がアマのボクサー（被疑者）に向かってきているのに、被疑者にはレフェリーもセコンドも

村木厚子氏（ＡＮＮニュースより）

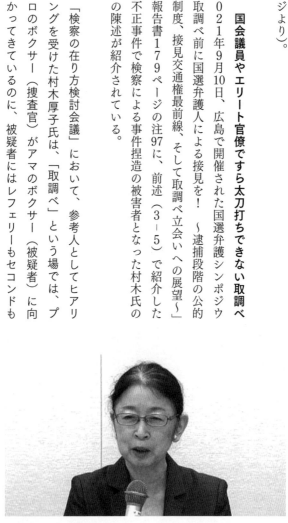

──いない旨陳述された（2011年1月27日・検察庁の在り方検討会議第6回議事録参照）。

村木氏は164日間拘留されたが、その3倍近い437日間も拘留された鈴木宗男衆議院議員（当時）も「本来、検察っていうのはサッカーで言えばゴールキーパーですよ。そのゴールキーパーがフォワードに出てですよ。俺たちが正義だ、俺たちが絶対だと言ってね。そこで手も足も使ってたらどうなりますか。無茶苦茶ですよ」とコメントしている（「教えて!! 鈴木宗男先生検察の取り調べって怖いんですか」『EX大衆』2010年4月号）。

このようにわが国の取調べには、法律のプロである国会議員やエリート官僚でも弁護人なしでは太刀打ちできないのである。このため、前述（2－5）のとおり、金子氏は「天下の警察・検察が署名しろって言ったから、まぁ、そういうものかと思ったんですよ……」と語っている。捜査当局に全幅の信頼を寄せている金子氏から虚偽の自白を取って、署名させることは朝飯前だったと思われる。

村木氏が陳述した「検察の在り方検討会議」の提言を経て、2011年には法制審議会「新時代の刑事司法制度特別部会」が設置され、その結論にもとづき、2016年に刑事訴訟法が大改正された。この改正で、対象事件が裁判員裁判対象事件と検察独自捜査事件にとどまるとはいえ、取調べの可視化（取調べ全過程の録画・録音）が導入された。しかし、法制審議会特別部会で、「将来的課題」として先送りされた「弁護人の立会い」については、未だに実現していない。

日弁連の弁護人の援助を受ける権利の確立を求める宣言

2019年10月4日、日本弁護士連合会は「弁護人の援助を受ける権利の確立を求める宣言——取調べへの立会いが刑事司法を変える」を発表した（日本弁護士連合会ホームページより）。

以下、「3　日本の捜査・身体拘束の実情と弁護人立会いによる改革の必要性」「(2) 弁護人立会権の確立に向けて」「ア　弁護人立会権の根拠」「(ウ) 自由権規約委員会等による勧告」から抜粋する。

日本において取調べにおける弁護人の援助を受ける権利が実質的に保障されていないことについては、これまでも繰り返し国連の諸機関からも勧告等を受けてきた。日本は、条約の締結国として、これらの勧告を真摯に受け止め、実現していく責務がある。

具体的には、市民的及び政治的権利に関する国際規約（自由権規約）の実施状況を監督する自由権規約委員会は、これまで、取調べにおける弁護人の立会いを保障するよう日本政府に求めてきた。

まず、同委員会は、2008年10月の総括所見において、真実を明らかにするよう被疑者を説得するという取調べの機能を阻害するとの理由で取調べにおける弁護人の立会いが認められていないことについて懸念を表明し、自由権規約14条が保障する被疑者の権利を保障するために、全ての被疑者に弁護人が立ち会う権利を保障すべきであると勧告した（19項）。また、2014年7月にも、日本政府の第6回定期報告に関して採択した総括所見においても、逮捕時から弁護人を依頼する権利を保障することのほか、弁護人が取調べに立ち会うことを保障するよう日本政府に求めた（18項）。

そして、拷問禁止委員会も、2013年5月の総括所見において、日本の刑事司法制度が、弁護人不在のまま代用監獄収容中に得られた自白に大きく依拠していることや、全ての取調べにおいて弁護人の立会いが義務付けられていないことについて懸念を表明した（11項）。

最後の拷問禁止委員会が表明した懸念は、前述（3－6）で紹介した「日本の刑事司法は中世」発言を受けての対応である。

これらの国際的批判は、国家間の移動がかつてよりも容易になり、多国間をまたぐ犯罪も頻繁に発生する現代において、自国民の他国での刑事手続における扱いに、諸国が無関心でいられなくなった結果でもある。かかる状況下で、刑事司法の分野において、日本だけが著しく低い水準にとどまることは許されない。

国をまたぐ犯罪によって、日本の刑事司法の著しく低い水準に関心が集まったのが、前述（3－7）で紹介したゴーン夫妻の「人質司法」批判である。

この後の「ウ　刑事司法改革の鍵となる弁護人立会い」では、冒頭の「取調べへの弁護人立会いは、取調べにおける供述の自由を確保するとともに、日本の刑事司法の根本を変える原動力となり得るものである」との指摘の後に以下の説明が続く。

まず、弁護人が取調室に入ることで、被疑者にとっては、弁護人の存在そのものが、逮捕によって隔絶された社会とのいわば給気口になり、取調べの強制性は相当程度緩和することができる。そして、違法、不当な言動に対して意見を述べることで、この効果は一層大きなものとなる。また、被疑者の供述の自由が確保され、あまたのえん罪事件の温床となってきた虚偽自白のリスクは圧倒的に低減される。

確かに、金子氏（前述2－4参照）やパソコン遠隔操作事件で誤認逮捕された4人（前述3－5参照）のような虚偽自白は、弁護人が立ち会っていれば避けられたはずである。

前頁の節の見出し「ウ　刑事司法改革の鍵となる弁護人立会い」および冒頭の一文のとおり、刑事司法改革の根幹をなす「弁護人立会い」の早期実現に期待がかかる。

5－4　令和司法改革研究会の提言

2020年7月から2021年11月にかけて研究活動を継続した、「令和司法改革研究会」の研究成果に基づき、平成の司法改革司法制度改革を総括し、令和の新たな司法制度改革を準備するために刊行された、須網隆夫編『平成司法改革の研究——理論なき改革はいかに挫折したのか』（岩波書店）でも取調べ中の弁護人の立会いについて以下のような改革を提言している。

泉徳治元最高裁裁判官は、第15章「『人』に頼るより『制度』の改革」で、六つの改革の一つに「被疑者取調べ中の弁護人立会権を法律で明記する」をあげ、以下のように指摘する。

（3）犯罪事実を解明し、治安を維持することは国家の重要課題であり、今後も科学的な捜査手法を発展させていく必要がある。しかし、捜査機関が被疑者を自分達の手元で23日間拘束し、弁護人の立会いなく取り調べるという手法については、もはや国連や他の民主主義の国々からの理解を得ることが困難になっている。他の国々では、裁判所が憲法や人権条約から被疑者取調べ中の弁護人立会い権を導いているが、我が国の裁判所にこれを期待することは相当に困難である。刑訴法を改正して弁護人立会権を明記すべきである。

注：1回の逮捕で拘束される期間は、逮捕から送検が48時間以内、送検から勾留請求が24時間以内、勾留が10日間、勾留延長が10日間なので、最大23日間となる。

『平成司法改革の研究』は第16章「提言『令和司法改革のために』」で刑事訴訟制度の改革についての4つの提言をしている。そのうちの3つ目が以下の提言である。

（3）弁護人の取調べ立会権の承認

（要旨）取調べにおける弁護人の立会権を認めるべきである。

（理由）

（前略）一方、取り調べにおける弁護人の立会いはまだ実現していない。世界的に見ると、弁護人立会権を認める国が増加している。取調室に弁護人がいることは、違法な取調べを抑止するとともに、被疑者の黙秘権の行使を容易にする。その結果、虚偽の自白がなされる危険性が低下し、冤罪という絶対的不正義を防ぐことができることの意義は大きい。取調べ中を含め弁護人からの十分な援助を受けることは、弁護人依頼権（憲法37条3項）を実質的に保障するためにも重要である。

日本では、長時間の取調べが行われる傾向にあるため、弁護人立会権を認めると、弁護士の負担となるのではないかという意見が一部にあるが、それは権利であって義務ではない。（後略）

「弁護人立会権を認めると弁護士の負担となるのではないか」との懸念に対しては、村木氏が現実的な解決策を提案している。

2011年4月18日の参議院行政監視委員会に参考人として意見を述べた村木氏は、「弁護人の方が取調べに全て立ち会うということは、今、20日も取調べがあるというような状況では非現実的だとは思いますが、最低限調書にサインするときぐらいは、少なくとも調書の内容について弁護人としっかりと相談をできるようにしていただきたいというふうに考えます」と述べた（参議院ホームページ、村木厚子さんの参議院での発言議事録―第117回国会行政監視委員会第2号より）。

第6章
日本版フェアユース導入により イノベーションを創出する

6-1 フェアユースとは

オラクルの1兆円超の損害賠償よりも社会全体の利益を優先させた、米最高裁の判決を可能にしたのは、著作権法のフェアユース規定である。このため、前述（5-1）で提案した第三者意見募集制度の著作権法への導入の奨めとともに提案したいのは、日本版フェアユース規定の導入だ。

そもそも著作権法は、著作物の保護と利用のバランスを図ることを目的としている。著作物の利用には著作権者の許可を要求して保護する一方、許可がなくても利用できる権利制限規定を設けて利用者に配慮している。

わが国の著作権法では、この権利制限規定に対して私的使用、引用など一つひとつ具体的な事例を挙げている。

対して、アメリカではどの事例にも使える権利制限の一般規定としてフェアユース規定を採用している。利用目的が公正（フェア）であれば、著作者の許可がなくても著作物を利用できる規定で、フェアな利用であるかどうかは、「利用目的」「利用される著作物の市場に与える影響（市場を奪わないか）」などの4要素を総合的に見た上で、判断する。

フェアユースはイギリスの「エクイティ（衡平法）の法理」に由来する。中世のイギリスでは、コモンロー（慣習法、過去の裁判所の判例の積み上げを基盤に築かれた法制度）で対応できないが、正義と衡平の観点から救済すべきと判断した場合、救済措置を施した。この救済が積み重なってエクイティと呼ばれる法体系が生まれたのである。

エクイティの適用例として、シェイクスピアの戯曲「ヴェニスの商人」が紹介されることがある。フィクションではあるが、わかりやすい例なので、私なりの要約を記載する。

ヴェニスの貿易商人が、ユダヤ人金貸しから金を借りるために、期日までに借りた金を返せなければ、胸の肉1ポンドを与える証文を書いた。商人は簡単に金が返せると思っていたが、船が難破したため全財産を失ってしまう。金貸しは肉1ポンドを要求して、裁判を起こした。裁判官は当時の法律にもとづいて、証文どおり胸の肉1ポンドを切り取ってよいという判決を下す。金貸しは喜んだが、裁判官は続けた。

「証文には『肉1ポンド』と書いてあるが、血のことは書いてないので、肉を切り取るにあたって血を一滴でも流せば、法律に従って全財産を没収する」。

法律をそのまま適用すると、商人は金貸しに胸の肉1ポンドを与えなくてはならないが、公正と正義の観点から法律の不備を補う「エクイティ（衡平法）の法理」があったために商人は胸の肉を切り取られずに済んだ。

日本でもフェアユースのように一定の判断基準を用意し、その基準にもとづいてケースバイケースで判断する方式を採用すれば、現在の著作権法の不備を補える。

では、フェアユース規定があるのと、ないのではどう違うのだろうか。最も分かりやすい例が検索サービスである。

検索サービスの技術は日米とも1994年に誕生した。フェアユース規定のない日本は、一つひとつのホームページに検索サービスに掲載してもいいか、事前に許可を取る必要があった。これをオプトイン（原則許諾）方式という。

対して、アメリカにはフェアユース規定があったため許可を取る必要はなく、検索されたくないホームページは自分たちで検索されないよう回避する技術を組み込むことで検索対象から逃れることができた。これをオプトアウト（原則自由）方式という。

この結果、アメリカの検索サービスはたくさんのホームページを検索対象にすることができ、グーグルといった世界を席巻する検索サービスを生み出すことができた。

日本は2009年に著作権法を改正して、検索サービスについてはオプトアウト方式を認めたが、時すでに遅し。日本の著作権法が適用されないアメリカ国内にサーバーを置き、日本にサービスを提供したアメリカ勢に日本市場まで制圧されてしまった。

日本にはこのようなフェアユース規定がないため、個別に権利制限規定を定めているとはいえ、どうしても著作権法は厳しくなってしまう。前述（4－6）で紹介したダンス教室事件では、教室側はフェアユースの主張もしている。フェアユース規定のない日本でフェアユースについて争われた数少ない裁判例の一つだ。

裁判所は実定法主義（法律通り従わなくてはならないという主義）の日本で著作権者の権利を制限するには、どのような状況なら権利が制限されるか（許諾なしでも楽曲を使用できるか）具体的かつ明確に定めなくてはならないと、ダンス教室のフェアユースの主張を退けた。

6－2　二度の改正を経ても道半ばの日本版フェアユース

実は日本でも2016年から「知的財産推進計画」の提案を受けて、日本版フェアユースが検討されてきた。

米国のフェアユース規定が権利制限規定の最初に登場するのと異なり、日本版フェアユースは権利制限規定の最後に受け皿規定を置く案。具体的には「利用行為の性質、態様」について、「以上の他、やむを得ないと認める場合は許諾なしの利用を認める」という規定を設けるものであった。

この規定の導入を検討した末、二度にわたる著作権法改正が行われたが、二度目の2018年改正でやっと実現したのが、一番右の「著作物の表現を

図表 6.1 権利制限の柔軟性の選択肢

著作権の権利制限が正当化される主な視点	総合考慮型	一定の柔軟性ある権利制限規定(例)	
	米・フェアユース型	受け皿規定（※1）	著作物の表現を享受しない利用（C類型）（※2）
①利用行為の目的や社会的要請		総合考慮	総合考慮
②利用行為の性質・態様	総合考慮	「第○条から○条までの規定に掲げる行為のほか、・・やむを得ないと認められる場合」	「著作物の表現を知覚することを通じてこれを享受するための利用とは評価されない利用」
③民間での取引の成立可能性		総合考慮	総合考慮

※1 既存の権利制限の対象となっている行為と同等と評価しうる利用についての受け皿規定
※2 著作物のデータ的利用の特徴である「著作物の表現を享受しない」態様に注目して権利制限を設けるとの考え方
出典：知的財産戦略推進本部次世代知財システム検討委員会報告書（2016年4月）

享受しない利用」。これによって、AIに著作物を読み込ませることは可能になったが、人が著作物の表現を享受するような利用まではカバーしないため、パロディなども未だに認められていない。

6-3　フェアユースを武器に日本市場を草刈り場にする米IT企業

図表6・2にこれまでの新技術・新サービス関連サービスのフェアユース判決をまとめた。この図表から判明するのは、必要の都度、個別に権利制限規定を追加する方式では権利制限規定が設けられて合法化されるまではサービスが提供できないが、フェアユースのような包括的権利制限規定があれば、フェアユースが認められると判断すれば、見切り発車でサービスを開始できること。このため、米国の先行企業はフェアユース判決が確定する約10年

図表 6.2 新技術・新サービス関連サービス合法化の日米比較

サービス名	米国でのサービス開始	米国でのフェアユース判決	日本での合法化（施行年）＝サービス可能化
リバース・エンジニアリング	1970 年代＊	1992 年	2019 年
画像検索サービス	1990 年代＊	2003 年	2010 年
文書検索サービス	1990 年	2006 年	2010 年
論文剽窃検証サービス	1998 年	2009 年	2019 年
書籍検索サービス	2004 年	2016 年	2019 年
スマホ用 OS	2005 年	2021 年	未定

※裁判例から推定した

前にはサービスを開始している。

今回のグーグルもオラクルとライセンス交渉したが、条件が折り合わなかったため見切り発車してOSの開発に踏み切った。フェアユースがなければ、今やiPhone以外のほとんどすべてのスマホに使われているアンドロイドの成功もなかったことになる。フェアユースがベンチャー企業の資本金と呼ばれる所以でもある。

ちなみにグーグルは1998年に誕生したので、アンドロイドの開発に取り掛かった2005年頃はまさにベンチャー企業だった。

前年の2004年にサービスを開始した書籍検索サービスでもグーグルは作家協会から訴えられ、今回のオラクルとの訴訟同様10年越しの訴訟となったが、フェアユースが認められた。こちらは米最高裁が上訴を受理しなかったため、控訴裁判所の判決が確定したが、途中で和解案が示されたためグーグルの勝訴確定までに11年を要している。社運をかけるような消耗戦に連勝したグーグルは、フェアユース規定の最大の受益者といえる。

先行企業が市場を支配してしまう勝者総取りのネットビジネスで、勝算ありと判断すれば見切り発車ができるかできないかの差は大きい。このため、フェアユースを武器に先行する米国勢に日本市場まで草刈り場にされてしまうサービスの実例は、図表5・2のとおり枚挙に暇がなく、最近でも論文剽窃検証サービスで小保方事件発生時に日本の大学や研究機関は、一斉に米社のサービスの利用に走った。

6-4 経済安全保障にもかかわる情報セキュリティ技術の遅れ

図表6・2の最初に登場するリバース・エンジニアリングをめぐる訴訟では、今回のオラクル対グーグル事件同様、ソフトウェア・プログラムの著作権侵害が争われた。リバース・エンジニアリングは他社の製品を解析し、そこから技術を習得する手法。通常のエンジニアリングでは技術から製品が生まれるが、製品から技術を抽出しようとするため、リバース・エンジニアリングと呼ばれている。

米国では1992年の2件の判決でフェアユースと判定されたが、日本では2018年の著作権法改正でようやく認められた。合法化されるのに米国に遅れること20年近く、サービス誕生から半世紀近く経過しているわけである。

2008年7月、文化審議会著作権分科会の小委員会に独立行政法人情報処理機構（IPA）が提出した資料に下記の記述がある。

我が国の著作権法制において、リバース・エンジニアリングの法的扱いが不明であることを認知している企業の中には、コンプライアンスの観点から、海外（欧米、日本以外のアジア）で、リバース・エンジニアリングにより解析している企業があり、結果として我が国に情報セキュリティ技術者のスキルが高まらず、世界の情報セキュリティ・ビジネスの中で日本が比較劣位に置かれる一つの要因。

問題はビジネス面だけにとどまらない。サイバーテロの時代に情報セキュリティ技術の遅れは国の安全保障にもかかわる問題である。リバース・エンジニアリングの合法化の遅れが、情報セキュリティ技術の遅れの一因にもなったとすると、法的にグレーな状況を長年放置していた為政者の責任は重い。

このようにネットサービスで後手に回る悪循環を断ち切るべく、日本版フェアユースを一刻も早く導入すべきである。

6-5　米国経済を牽引したフェアユース関連産業

アメリカではフェアユース関連産業によって、経済も成長している。少し前のデータになるが、米国コンピューター通信産業連盟の報告書の分析結果を図表6・3にまとめたので、見ていこう。

図表6・4のとおり、アメリカのGDPは2010年から2014年までの間に16・5%増えているが、図表6・3から、フェアユース産業は売上、輸出ともそれを上回る20%台の伸びを示していることがわかる。

図表6・4は日米のGDP伸び率を比較したもの。日本はなんと14・9%減。円安が進行したことも影響しているが、円ベースで見ても4年間で2・7%しか増えていない。

図表 6.3 フェアユース関連産業のアメリカ経済への貢献

分析結果
アメリカのフェアユース産業は ·アメリカ経済の 16%を占める。 · 2014 年の売上は 5.6 兆ドル（593 兆円）で 2010 年の 4.6 兆ドル（404 兆円）に比べて 22%増えた。 ·4 年間に 100 万人の雇用を増やし、雇用者の 8 人に 1 人にあたる 1800 万人を雇用している。 · 4 年間に生産性を年率 3.2%向上させた。 · 4 年間に輸出を 21%伸ばし、2014 年には 3680 億ドル（39 兆円）に達した。

出典：米国コンピューター通信産業連盟（CCIA）「米国経済におけるフェアユース―フェアユース関連産業の経済的貢献」（CCIA ホームページより）

報告書はフェアユース産業の例として、
①個人用の複製、録音・録画機器の製造メーカー
②教育機関
③ソフト開発事業者
④ネット検索やウェブホスティング事業者（レンタルサーバー事業者）
を挙げている。

まず、④のアメリカのネット検索事業がフェアユース規定の恩恵を受けて急成長を遂げたことは、前述（6－1）したとおりである。

6-6　対照的な日米の最高裁判決

報告書がフェアユース産業の例として、なぜ①の個人用の複製、録音・録画機器の製造メーカーをあげているのか疑問に感じた方もいるだろう。

ここには1984年に米最高裁が下した、その後のハイテク業界にとってのマグナカルタとも呼ばれる画期的な判決が関係している。家庭用ビデオ

図表 6.4GDP の日米比較

	2010 年	2014 年	伸び率
アメリカ（ドル）	14 兆 9644 億ドル	17 兆 4276 億ドル	16.5%
日本（ドル）	5 兆 7001 億ドル	4 兆 8487 億ドル	▲ 14.9%
日本（円）	500.4 兆円	513.7 兆円	2.7%

テープレコーダー（VTR）「ベータマックス」を売り出した米国ソニーに対し、映画会社ユニバーサルスタジオが著作権侵害で訴えた訴訟だ。

著作権を侵害する録画行為を行うのはユーザーだが、ユニバーサルスタジオは違法録画を可能にする機械を開発・販売したソニーを著作権侵害に加担したと主張した。ソニーは「テレビ番組録画は昼間録画しておいて、夜に観る、つまりタイムシフティングしているだけなので、フェアユースにあたる」と反論。米最高裁はこれを認め、ソニーはユーザーの著作権侵害に加担していないとする判決を下した。

判決から16年たった2000年、ナップスター社のハンク・バリーCEOは、議会で「VTRが85％の家庭に普及したにもかかわらず、映画業界は1999年に史上最高の興行収入を記録した。同時にVTR向けビデオでも売上の半分以上を稼いだ」と証言。映画会社にとっては「負ける（裁判）が勝ち（商売）」だったわけである。

米国ソニー判決4年後の1988年、日本の最高裁は、当時多くのカラオケ店が著作権使用料を払わずに営業していた事態に対応する必要に迫られた。カラオケ店で歌っているのは客だが、客は歌う＝演奏することによってお金を儲けているわけではないので著作権侵害とはいえない（著作権法第38条)。

このため、最高裁はカラオケ店主が①客の歌唱を管理し、②利益を得ている、ことを理由に著作権を侵害しているとみなした。その後、この判決はカラオケ法理とよばれるようになり、カラオケ関連サービスだけでなく、インターネット関連サービスにも広く適用されるようになった(図表6・5参照)。ネット関連新サービスを提供するベンチャーの起業の芽を摘み取り、日本のＩＴ化・デジタル化を遅らせる原因にもなったのである。

6-7 カラオケ法理の呪縛

最高裁がカラオケ法理を再検討する機会が訪れたのが、２０１１年のまねきＴＶ事件とロクラクⅡ事件(図表6・5参照)である。どちらもインターネット経由で海外に住む日本人も日本のテレビ番組を視聴できるようにするサービスで、特にまねきＴＶ事件では受信する機器も利用者が提供していた。知財高裁はいずれも事業者の著作権侵害を否定する判決を下したため、カラオケ法理の呪縛から解き放たれる日も近いのではとの期待がかかったが、最高裁は図表6・5のとおり、両事件とも知財高裁判決を覆し、事業者の侵害を認める判決を下した。

最高裁がカラオケ法理の呪縛から解き放たれるのにはさらに10年を要した。ＪＡＳＲＡＣの音楽教室からの使用料徴収方針に対して、ヤマハなどの音楽教室事業者（以下、「音楽教室」）がＪＡＳＲＡＣに徴収権限がないとして訴えた事件に対し、２０２２年10月、最高裁は生徒の演奏については、使用料の支払い義務はないとした知財高裁判決を支持する判決を下した。

ちなみに音楽教室は、教師の演奏については使用料支払い義務があるとした知財高裁判決を不服として上告受理申立てをしていたが、こちらは最高裁が上告を受理しなかった。生徒の演奏については、最高裁はカラオケ法理を適用せず、演奏主体は生徒であるとして、音楽教室に

図表 6.5 カラオケ法理が適用されたインターネット関連サービス判決

ファイルローグ事件（2005 年 3 月、東京高裁）
利用者のファイルリストを中央サーバーで管理し、利用者が音楽ファイルを交換できるようにするサービス
録画ネット事件（2005 年 11 月、東京高裁）
テレビ番組を録画して、インターネットを通じて利用者の所有する端末に転送するサービス
MYUTA 事件（2007 年 5 月、東京地裁）
利用者がインターネットを通じて楽曲の音源を事業者のサーバーにアップロードし、必要に応じて利用者の所有する端末に楽曲をダウンロードするサービス
ジャストオンライン事件（2010 年 9 月、知財高裁）
利用者が音楽映像などを投稿する動画投稿サイト
まねき TV 事件（2011 年 1 月、最高裁）
利用者が預けた機器を通じてテレビ番組をインターネット経由で転送するサービス
ロクラク II 事件（2011 年 1 月、最高裁）
テレビ番組を事業者の機器で受信・録画し、インターネットを通じて利用者の所有する端末に転送するサービス

注：( ) 内は判決の確定した時点と裁判所。

使用料支払いの義務はないとした（図表6・6参照）。

変化の激しいデジタル・ネット時代にカラオケ法理の呪縛から解き放たれるのに34年もかかったわけだが、第1章で故相澤秀孝一橋大学名誉教授の以下の論考を紹介した（小泉直樹・田村義之編『はばたき――21世紀の知的財産法：中山信弘先生古稀記念論文集』所集の「産業政策としての知的財産法」）。

アメリカ合衆国の著作権法の柔軟性（「fair Use」規定の柔軟な解釈）が、情報通信関連産業の円滑な発展をもたらしたのに対して、日本では、著作権法の厳格性（著作権の個別的制限規定と裁判所の「fair Use」に対する否定的な解釈）により、情報関連産業の発展が阻害されている。

図表 6.6 音楽教室訴訟の判決比較

		教師の演奏	生徒の演奏
知財高裁判決	演奏主体	音楽教室	生徒
	音楽教室の使用料支払い義務	あり	なし
最高裁	上告申立人	音楽教室	JASRAC
	結論	上告不受理	上告棄却

教授の指摘するようにフェアユースの有無も大きい。フェアユースは第4章のとおり、グーグルを訴えたオラクルの1兆円の損害よりも社会全体の利益を優先することを可能にするからである。日本の著作権法はフェアユースがないためにそうでなくても厳しいが、それをさらに厳格に適用する裁判所の解釈も手伝って、情報関連産業の発展が阻害されたわけである。

6-8　急増するフェアユース導入国

前述（6-3）のとおり、米国ではフェアユースはベンチャー企業の資本金と呼ばれるほど、グーグルをはじめとしたIT企業の躍進に貢献している。このため、今世紀に入って導入する国が急増している。図表6・7はフェアユース導入国の経済成長率。すべて日本よりも高くなっている。

導入国の中で最も成長率の高いイスラエルは、国民

図表 6. 7 フェアユース導入国のGDP 成長率

導入年	国名	2021年GDP成長率
1976 年	米国	5.68%
1992 年	台湾	6.28%
1997 年	フィリピン	5.60%
2003 年	スリランカ	3.58%
2004 年	シンガポール	7.61%
2007 年	イスラエル	8.19%
2011 年	韓国	4.02%
2012 年	マレーシア	3.13%
未導入	日本	1.62%

GDP 成長率の出典：「世界経済のネタ帳」

一人あたりの起業会社数も世界一多く、「起業国家」と呼ばれるほど国をあげてイノベーションを奨励し、起業促進に取り組んでいる国だ（ピーター・デチェルニー著、城所訳「グローバル化するフェアユース」『GLOCOM Review』国際大学GLOCOMホームページより）。このため、アップル、グーグル、マイクロソフトなど米ＩＴ大手が、買収候補のベンチャー企業を求めてイスラエル詣でをしている。

ポストコロナに向けた経済立て直しのためにも日本版フェアユース導入を急ぐべきだろう。

第７章
日本版フェアユース導入により文化GDP倍増を目指す

7-1 クールダウンしたクールジャパン戦略

2002年、米ジャーナリストのダグラス・マグレイがマンガ、アニメなどが日本のソフトパワーになっていると指摘して以来、「クールジャパン」という言葉が脚光を浴びるようになった。日本政府は2011年から「クールジャパン戦略」政策を掲げ、内閣府に特命担当大臣まで置いて推進した。2013年には官民ファンドのクールジャパン機構を設立したが、当初から収益が上がらないところへコロナ禍が追い打ちをかけ、2021年度には309億円の累積赤字を出すなど、すっかりクールダウンしてしまった。

クールジャパン関連産業はファッション、食、コンテンツ、観光の4分野だが、このうちコンテンツの分野が関係する日本の著作権貿易収支は、図表7・1のとおり、2009年以降赤字を拡大し続け、2018年に底を打ったとはいえ2021年も2兆円を超える赤字を記録している。

赤字が続く理由の一つに、二次創作が著作権法のため商業的に発展していないことがある。フェアユースのない日本では、こうした二次創作は著作権者の許諾を得ないと著作権侵害になる。

ではユーザーは法律を守るためにいちいち著作権者の許諾を得ているだろうか？　ネット上には

許諾を取らず利用していると思われるコンテンツが氾濫している。それらは権利者が許諾なしの利用に気づかないケースもあるが、気づいていても黙認しているケースも少なくない。

黙認しているケースは法律用語では「黙示の許諾」とよばれる、暗黙の了解で、いわば、「お目こぼし」である。著作権法に詳しい福井健策弁護士は、「東京人」2017年3月号掲載の「日本のパロディ文化は〝阿吽の呼吸〟で守られている⁉」で、このお目こぼしについて具体的に以下のように説明する。

オリジナル作品を作る側は、パクられることを知っていても、「このくらいでは、目くじらを立てるまでもないな」と考え、2次創作物を

図表 7.1 日本の著作権貿易収支の推移

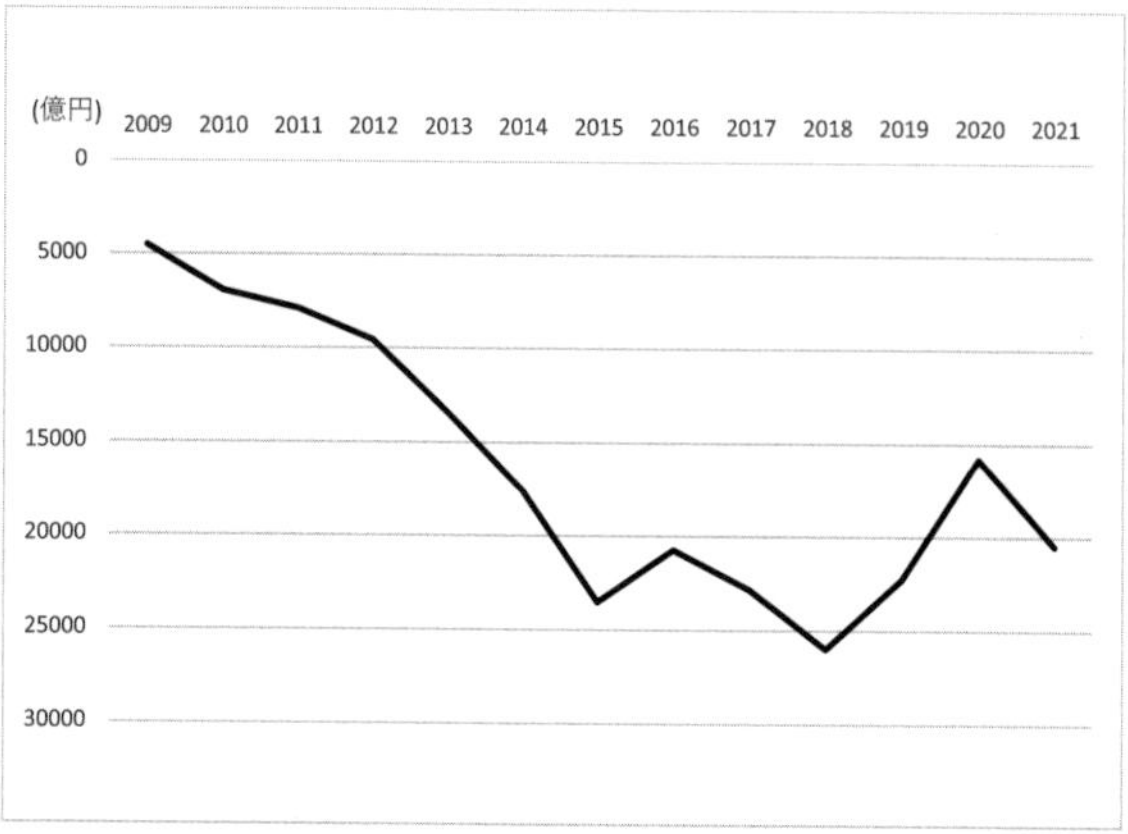

出典：日銀国際収支統計 日銀ホームページ

作る側も、「このくらいなら著作者を怒らせないな」と思う程度に留める。この〝阿吽の呼吸〟が浸透しているからこそ、摘発されることが滅多になく、裁判になった事例もパロディ大国にあって極端に少ない。（中略）

また、二次創作物の中心は、批判や風刺を意図せず、オリジナル作品への愛が込められたものだという点も、お目こぼしされる理由の一つだろう。

しかし、阿吽の呼吸がうまく合わず、著作権者が「お目こぼし」しないと、二次創作者は著作権を侵害するリスクがある。最近のネットの世界では、著作権を侵害してなくても、炎上して作品を取り下げることになりかねないリスクも加わった。

こうした事情から、日本では二次創作作品が大きな成功を収めたことはないが、世界を見渡すと、二次創作で成功したクリエイターは枚挙に暇がない。

まず、元作品のキャラクターを使った二次創作作品が多い同人誌市場から紹介する。日本の同人誌市場は年間７４３億円に上るが（２０２０年、矢野経済研究所の調査）、世界を見渡すと一人で年間１００億円以上稼ぐ同人誌作家がいる。

フォーブス誌が２０１３年に世界で最も稼いだ作家のトップにあげたのは、イギリスのファンフィクション（同人誌）作家、Ｅ・Ｌ・ジェイムズ。彼女は推定で９５００万ドル（92億円）稼いだ（ヘラルドサン紙日曜版　２０１５年2月8日）。

２０１１年にステファニー・メイヤーのベストセラー小説『トワイライト』の同人誌として電子出版された、ジェイムズの『フィフティ・シェイズ・オブ・グレイ』３部作は、映画化されるほどのヒット作となり、２０１２年、タイム誌の「世界で最も影響力のある１００人」にも選ばれた。

7‐2　パロディの経済成長促進効果―英国の試算

同人誌が元作品のキャラクターを使った二次的著作物であるのに対し、元作品を題材として新たな作品を作る二次的著作物にパロディがある。このパロディも、日本ではまだ合法化されてない。しかし、クールジャパン戦略を推進する日本にとってパロディのもたらす経済効果は注目に値する。

英国知的財産庁は、２０１３年に「パロディの著作権と経済効果――ユーチューブにおける音楽ビデオの実証的研究および政策オプションについての評価」と題する報告書を発表した。報告書は２０１１年にトップ１００入りしたシングル・チャート３４３曲をサンプルに選び、ユーチューブにアップされたパロディ・ビデオを分析した結果、図表7・2のような事実が判明した。

こうした分析結果から、報告書は商用パロディを認めて、経済を成長させるべきだと結論づけた。これを受けて英国議会は、2014年にパロディの合法化を盛り込んだ著作権法改正を行った。

英国知的財産庁の調査は、2011年にトップ100入りしたシングル・チャート曲のユーチューブにアップされたパロディ・ビデオを分析したものだが、2012年にはパロディ・ビデオで新曲を大ヒットさせた歌手が誕生した。カナダの歌姫、カーリー・レイ・ジェプセンである。

女の子が一目惚れした男性からの電話を心待ちにするという歌詞の曲、「コール・ミー・メイビー」を、カナダ出身の人気歌手ジャスティン・ビーバーが恋人と一緒に口パクで歌うパロディ動画を作って

図表 7.2 英国知的財産庁のユーチューブのパロディ・ビデオ報告書

分析結果
・1曲平均 24 件のパロディが投稿されていることから、パロディが非常に重要な消費者行動となっている。
・パロディ・ビデオの存在と商業用音楽ビデオの売上が正の相関を示していることからパロディが楽曲の市場を奪っている事実はない。
・全部で 8299 のパロディ・ビデオから ユーチューブ は最大で 200 万ポンド（2億 5600 万円）、パロディ創作者は ユーチューブ とのパートナー・プログラムによって最大で 110 万ポンド（1億 4100 万円）を稼いだと推定される。

ユーチューブに投稿したことで、大ヒットした。その後も、パロディ動画が続々と作られ続けたため、この曲は２０１２年のiTunesストアの年間ダウンロード1位を獲得した。

同じ２０１２年、韓国人男性歌手ＰＳＹ（サイ）も、新曲「江南《カンナム》スタイル」を韓国でリリースすると同時に、プロモーションビデオをユーチューブで公開した。34歳の小太りの男性歌手が、バックダンサーに美女達を従え、馬に乗っているかのようにダンスしながら歌うビデオが米国を中心に世界中で大ヒット。プロモーションビデオは２０１２年11月にユーチューブで歴代最多の再生回数を達成。12月には再生回数がユーチューブの設定した上限を超えたため、ユーチューブはシステムの修正を迫られた。ＰＳＹは２０１３年2月の朴大統領の就任式でも公演するなど国民的英雄になった。

人気に火がついたのは、世界中の若者たちが、乗馬ダンスをまねたパロディ・ビデオをユーチューブに次々と投稿したからだった。江南スタイルの大ヒットに関しても以下のような経済効果の試算がある（エコノミスト　２０１２年11月6日号）。

> ＰＳＹは『江南スタイル』の大ヒットで、１００億ウォン（約７億円）を超える収益が見込まれている。Ｋ-ＰＯＰ（筆者注：韓国の現代音楽）全体の影響を考えると、１兆ウォン（約

―700億円）を超える経済波及効果が見込めるという試算もある（韓国の全国紙文化部記者）。

ＰＳＹの「江南スタイル」は２０１２年に「ビルボードホット１００」で第２位となったが、韓国人アーティストで史上初の第１位に輝いたのが、２０２０年８月に発売した「Dynamite」で初登場したＢＴＳ（防弾少年団）である（ちなみにアジア人初の第１位は１９６１年の坂本九の「上を向いて歩こう― Sukiyaki」）。

ＢＴＳは韓国人男性７人のグループで、ユーチューブで創作の過程を共有するなど、ＳＮＳを活用したファンとのコミュニケーションで「アーミー」と呼ばれるファンを世界各地に広げた。後述するＫ－ＰＯＰの輸出額急増に寄与するだけでなく、知名度を生かして国連総会での演説（２０２１年９月）、バイデン大統領との歓談（２０２２年６月）など、外交面でも精力的に活動している。

ＢＴＳの成功例については、日本も見習うべき点が多いので、後述（７－８）する。

ソーシャルメディアの普及により、カーリー・レイ・ジェプセンやＰＳＹの例に見られるように音楽も著作権を主張するより、パロディ動画を世界中で作ってもらい、グローバルに売る時代になっている。こうした世界的な潮流に乗り遅れないためにも日本はパロディを早急に合法化すべきである。

7-3　パロディを合法化するには

パロディを合法化する方法はいくつかあり、まず「著作権法の改正」と「著作権法の解釈・運用の変更」に大別される。

著作権法を改正する場合は、さらに二分され、パロディについての個別の権利制限規定を設ける方法と、パロディにかぎらず著作物を使用する目的がフェア（公正）であれば、著作権者の許諾なしの利用を認めるフェアユース規定を設ける方法がある。

個別の権利制限規定による解決法は、図表7・3のとおり欧州諸国を中心に10か国が権利制限規定を追加した。フェアユース規定はアメリカが元祖だが、図表6・7のとおり今世紀に入ってアメリカ以外に

図表 7.3 諸外国におけるパロディ合法化の動き

導入年	国名
1957年	フランス
1987年	スペイン
1992年	スイス
1994年	ベルギー
1998年	ブラジル
2004年	オランダ
2006年	オーストラリア
2012年	カナダ
2014年	イギリス
2014年	香港

も急速に普及しつつある。

パロディについての個別の権利制限規定の導入を検討した、文化審議会著作権分科会法制問題小委員会パロディワーキングチーム（以下、「WT」）は2013年に報告書をまとめた。報告書内では、著作権法の解釈・運用を変更することで解決しようとしている。

しかし1980年のパロディモンタージュ写真事件で、最高裁は、パロディは著作権侵害であるという判決を下している。法の解釈を変更するには、最高裁が新たに「パロディは著作権を侵害しない」という判決を下すのを待つしかないのだが、モンタージュ写真事件からすでに42年。そのような判決は下級審を含めてもまだ下されていない。

WT報告書は黙示の許諾を広く解釈する方法も提案しているが、黙示の許諾は、いわば「お目こぼし」なので、著作権者が「お目こぼし」しなければ利用者は著作権を侵害するリスクが伴う。このような解釈・運用による解決の限界を克服するには著作権法を改正するしかない。ところが、WTは急速な時代の変化に対応できないとの理由で個別の権利制限規定による解決策を否定している。

こうした状況にも柔軟に対応できるようになるにはどうすればいいか。言わずもがな、フェアユース規定を採用するしかない。フェアユース規定があれば時代の変化にも柔軟に対応できる。

米最高裁は1994年の判決で、商用利用であっても変容的利用（transformative use）、つまり別の作品をつくるための利用であるとして、パロディにフェアユースを認めた。それまでフェアユースを認定する際に重視していた利用の目的を商用利用重視から、変容的利用重視に変更した。このように時代の変化に柔軟に対応できるところがフェアユースの大きな魅力といえる。

日本もフェアユース導入により二次創作を合法化することによって、クールジャパン戦略を軌道に乗せ、著作権貿易収支の赤字拡大を食い止めるべきである。

7-4　憲法学者のフェアユース観

長谷部恭男東大教授（現早稲田大大学院教授）は、雑誌「コピライト」2012年8月号に掲載された講演録「表現の自由と著作権」で興味深い指摘をしている。以下は「むすび—表現の自由と著作権の保護との衝突の可能性、一歩手前のバッファーとしてのfair use条項の意義」の筆者なりの要約である。

①表現の自由と著作権の保護が衝突する可能性は否定できない。フェアユース条項は表現の自由との関係で一概に表現の自由にとって有利に働くとはいえない条項だが、ぎりぎり詰めて、どちらに

したほうがいいだろうかといわれると、あった方がいいという判断はありうる。

②そういう判断がありうる理由は、そもそも法や憲法がなんのためにあるのかという「そもそも論」が関係する。プラトンやアリストテレスの考え方からすると、本来は優れた考え方を持つ人が、個別具体の事情に即して、その時々で適切な答えを与えていくのが、具体的な正義の実現として最も優れている。しかし、優れた判断能力を備えた人がいつもいるわけではない。古代ギリシャにも暴君はよく出現したので、適切な判断をしてくれるだろうと最初から信頼して全部お任せとはなかなかいかない。

③そこで、このような要件が備わったら、こういう効果を与えるという「法」をあらかじめ作っておいて、この法にもとづいて判断をしてもらおうという工夫をしているというのが、彼らの考え方である。その意味では、法治主義は次善の策で、判断能力を欠いた、場合によってはよこしまな心を持った人が為政者や裁判官になっても、最悪の事態に陥らないように、大部分の場合にはほどほどの答えを与えてくれるような統治制度である。

④次に憲法のそもそも論だが、憲法の基本権条項も同じように働く。普通は実定法のとおりに事案を判断すれば、大体ほどほどの答えになるはずだが、例外的にこの事案についてこの法律の規定ど

おりだとやっぱりおかしい、ということがたまに出てくる。たまに出てきたときは、人として考えたときに、本当にそれでいいのか、これが本当に適切な答えなのか、を考えることになる。その時に手がかりになるのが、憲法の基本的条項やそれをめぐる先例や理論である。

⑤人としてこれで本当に適切な判断といえるのか、という変な答えに陥らないための手段は、憲法以外にもある。実定法秩序自体の中に、人本来としての実践理性を働かせるためのバッファーはいろいろなところに組み込まれている。刑事法には違法性阻却条項があるし、それ以前に個々の犯罪の構成要件でも、一般的な規定ぶりになっていることがある。例えば、住居侵入罪は「正当な理由がないのに他人の住居に侵入することを罰するという構成要件になっている。「正当な理由」がにかは条文には書いていないが、普通は常識に照らせばわかるはずで、常識の中身を全部刑法の条文に書き起こすわけにはいかないため、「正当な理由」となっている。

⑥そういった一般的概括条項を使うことなどでそんなにおかしな結論にならないようにすることは憲法に訴えかけなくても、可能になっていることが多い。フェアユース条項も、そうした概括条項の役割が期待されていると考えることができる。

⑦現在の日本の著作権法制は、そういうフェアユースに関する概括条項を入れないと、とても変な

答えがもたらされそうな確率が、結構あるのかどうか、そこの判断の問題だろうと思う。フェアユース条項を取り入れたほうが、憲法に訴えかける必要がないという意味ではプラスになるが、そこまでする必要が本当にあるかどうかは、現在の著作権法制全体を見渡したときに、おかしなことはほとんど起こらないという法制になっているのかという総合的な判断にかかると思う。

長谷部教授は、自分は著作権法の素人なので上記の判断はできないとしているが、日本の場合、憲法に訴えかけても、前述（7－3）のパロディの事例が示すように表現の自由が認められる可能性は小さい。このため、フェアユース条項を取り入れることにより、憲法に訴えかける必要がなくなるプラス面は大きい。

また、著作権法もおかしなことはほとんど起こらない法制になっているとは言いがたい。パロディの例でいえば、原作品の市場をまったく奪わないような作品はフェアユース規定があれば認められる可能性が高いが、そうした作品でもフェアユースがないために、最高裁の課した厳しい要件を満たさないかぎり認められない。同人誌も原作者のお目こぼし頼みである。いずれも表現の自由との関係でおかしなことになっている観は否めないが、せっかく新たな市場を生み出すような作品の芽まで摘み取っていることからその観を一層強くする。

7－5　参院選全国比例区でトップ当選したマンガ家赤松健氏の日本の「文化GDP」倍増化計画

2022年の参院選全国比例区でトップ当選した赤松健氏は、基本政策として以下の5つを掲げる（同議員の公式ホームページ）。

①表現の自由を守る
②日本の「文化GDP」倍増化計画
③UGC活性化戦略「好き」を伸ばして生かせる世界に
④国家デジタル補完計画　日本の未来に集中投資
⑤子ども・若者の不安の解消

②の「日本の『文化GDP』倍増化計画」（図表7・4参照）と③の「UGC活性化戦略『好き』を伸ばして生かせる世界に」に期待がかかる。

赤松氏を推薦した山田太郎氏は、２０１０年に参院選に立候補して以来、表現の自由を守ることを公約の一つとして掲げ、その活動記録として、２０１６年に『「表現の自由」の守り方』、２０２２年には『「表現の自由」の闘い方』（星海社新書）を出版した。近著の『「表現の自由」の闘い方』の山田氏との巻末対談で、赤松氏は以下のように指摘する。

フランスのマクロン大統領がオリンピックで来日した時に会いたかったのは誰だと思います？『鬼滅の刃』の吾峠呼世晴《ごとうげこよはる》先生と『進撃の巨人』諫山創先生です。それぐらい、日本のマンガは世界で愛されてるんです。私はそういうコンテンツの力で、平和的に世界征服したいと思っているんですよ（笑）。

図表 7.4 赤松健参議院議員・マンガ家の
「日本の『文化 GDP』倍増化計画」

出典：赤松健議員の公式ホームページ

「日本ってすごい！」「日本の文化って楽しい！」って、世界に憧れられるような国にできると信じているんです。

7-6　堂故茂　元文部科学大臣政務官の文化GDP拡大論

文化が生み出す経済的価値を示す文化GDPに着目した国会議員は、赤松氏が初めてではない。2016年、馳浩文部科学大臣は副大臣、大臣政務官、大臣補佐官らとの共著『文科省では定刻になるとチャイムが鳴るって知ってましたか？』（小学館）を出版。堂故茂大臣政務官が「第4章　文化GDPの拡大、ICT活用教育で日本を元気にする」を執筆している。

堂故氏は冒頭、安倍総理がアベノミクス「新・三本の矢」の第一の矢として、2020年頃までに「GDP600兆円」を達成することを掲げたので、その達成に貢献するため「文化GDP」の拡大に取り組むことになったと指摘。

文化GDPとは「文化に関連する産業が生み出す付加価値の合計」

文化GDPの拡大とは「日本の文化の価値を上げて活用することにより経済成長につなげていく

こと」と定義した上で以下のように続ける。

日本の文化GDPは約8兆円と試算されています。これはGDPの約1・6%(2014年度)に相当します。これに対して、先進国の文化GDPはだいたいGDPの3〜4%となっています。

(中略)

そこで、日本の文化GDPを諸外国並みの3%へ拡大することを目指すことによってGDP全体の拡大にも寄与しようというのが、われわれの取り組みです。

確かに1・6%を3%に引き上げることは容易なことではありません。単純計算でも8兆円を18兆円と約10兆円増やさなければなりません。

しかし、文化芸術への投資による波及効果により、諸外国の水準まで文化GDPを引き上げることができれば、日本のGDPを全体で10兆円以上も押し上げることも可能と見込んでいるとした後、文化GDP拡大の具体例として姫路城の改修を挙げる。

世界遺産に認定された姫路城は、5年がかりで「平成の大修理」が実施され、28億円の費用がかかったとされますが、これまで入場料などの収入が年3億円前後だったのが、改修後は1年にして18億7千万円まで増えました。

堂故氏は文化GDP拡大のための施策を6つ挙げる。

1. 文化プログラムの推進
2. 芸術祭への支援
3. 文化芸術創造都市の支援
4. 文化資源の活用・情報発信の強化
5. 文化財を活用した観光コンテンツとしての質向上
6. 東アジアの文化交流

5の「文化財を活用した観光コンテンツとしての質向上」についても、姫路城ほどの大がかりな修復ではないが、国宝や重要文化財建造物などの修理までの間も建造物を美しく保つ「美装化」などを進め、文化を利用した地域経済の活性化を図った事例として、出雲大社の例を紹介する。

島根県の出雲大社では、２０１３年の「平成の大遷宮」に合わせて、２００８年から国宝の本殿をはじめとする各種施設の保存修理事業を計画的に進めてきました。その結果、観光客数は２９１９万人（２０１２年）から３６７４万人（２０１３年）へと大幅に増加し、島根県内への経済波及効果は３４４億円と試算されています。

７-７　赤松氏のクリエイターへの対価還元策

赤松氏は前述（７－５）の基本政策③の「ＵＧＣ

図表 7.5 赤松氏のクリエイター待遇改善策

出典：赤松健議員の公式ホームページ

活性化戦略『好き』を伸ばして生かせる世界に」で、「フリーランスの権利と改善」など5項目を掲げている（赤松氏公式ホームページ）。自身もクリエイターである同氏として当然、予想される政策だ。図表7・5は同氏がツイッターにアップしたクリエイター待遇改善策の一例である。

クリエイターへの対価還元策については、文化庁も2022年10月5日開催の文化審議会著作権分科会基本政策小委員会で「DX時代におけるクリエイターへの適切な対価還元方策」について検討することとし、2022年度末を目途に審議の経過を取りまとめるとしている（文化庁ホームページ）。以下、当日の資料「DX時代におけるクリエイターへの適切な対価還元方策に係る今後の検討に向けた論点例（案）」から関連箇所を抜粋する（文化庁ホームページより）。

3・クリエイターへの適切な対価還元の将来の姿について

○「今後の検討に向けた視座・視点」では、新たな技術の動向など、コンテンツ産業の将来的な姿も視野に入れて検討すると指摘。文化庁においては、分野横断権利情報データベースの構築に向けた検討を進めており、こうした取組がオンライン上での大量の著作物等の利用に係る対価還元の基盤となることも期待される。また、いわゆる「Web3.0」の時代においては、例えばメタバース空間で人々が直接つながることで、人々が大量のコンテンツを利用でき、また、クリエイターがそこから直接報酬を得るようなことも拡大していくことが考えられる。

確かにインターネットは水平分散型のWeb1.0の時代から、GAFAMに収れんした垂直統合型のWeb2.0の時代を経て、再び水平分散型のWeb3.0の時代に回帰している。

アート作品に数億円もの値段がついて注目を集めたNFT（Non-Fungible Token）は名前のとおり「代替不可能なトークン」。デジタルデータは従来、絵画や宝石と違って所有者を証明したり偽造を防いだりすることが困難だったため、固有価値を持たせることが難しかった。しかし、NFTはデータの改ざんや複製を困難にするブロックチェーン技術によって、著作権や所有権を証明できるため、クリエイターが著作物を管理・活用しやすくなった。

7-8　21世紀のビートルズを生んだK-POPの成功例に学ぶ

赤松氏の「日本文化で世界を席巻しコンテンツ輸出大国に」との提案に関連して参考になるのが、韓国エンタメ業界のグローバル展開である。著作権貿易収支が赤字続きの日本（図表7・1参照）とは対照的に、韓国のコンテンツ輸出入額は図表7・6のとおり、輸出超過が拡大している。

1998年、大統領に就任した金大中（キム・デジュン）氏は就任演説で「文化は21世紀の基幹産業」と宣言し、コンテンツ産業育成に乗り出した。2000年代に入ると、ドラマ『冬のソナタ』をきっかけに韓流ドラマが日本を含むアジアに韓国ドラマブームを巻き起こした。

図表 7.6 韓国コンテンツ産業の輸出額の推移

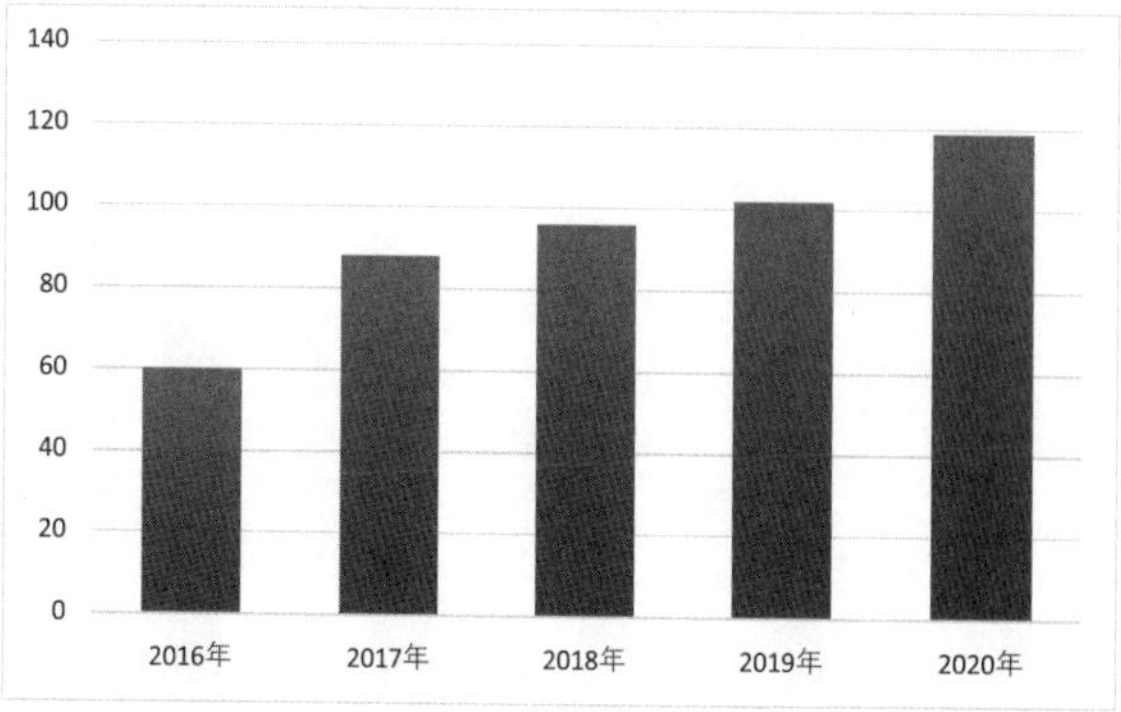

単位：百万ドル
出典：韓国コンテンツ振興院「コンテンツ産業白書 2020」より作成

コンテンツ輸出は他産業への波及効果も大きく、韓流ドラマの輸出で化粧品など韓国製品の輸出につなげた。アメリカは1920年代に「映画は貿易を先導する」（Trade Follows the Film）というスローガンのもと、ハリウッド映画の輸出振興策を実施した。「ハリウッド映画は米国製品の有能なセールスマンである」という言葉に代表されるように映画の輸出をアメリカ製品の輸出につなげた。その現代版ともいえる政策である。

冬ソナに始まる韓流ブームはアジアが中心だったが、最近は『愛の不時着』『イカゲーム』などの韓国ドラマ、BTS（防弾少年団）に代表されるK－POPが全世界で流行。その輸出額は図表7・7の通り、過去10年間で9倍と、脅威的な伸長率を示している。

図表 7.7K-POP 輸出額の推移

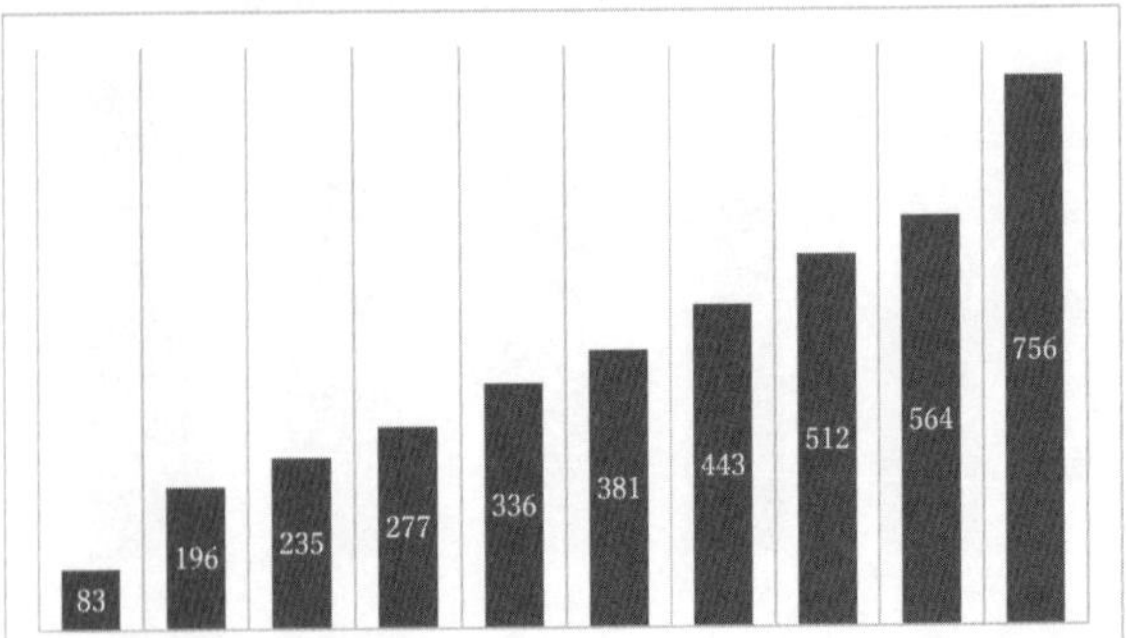

単位：百万ドル
出典：ローランド・ベルガー東京オフィスのデータをもとに作成

ＢＴＳは国連総会での演説、バイデン大統領との会談など外交面でも活躍。最年長のメンバーが２０２２年12月から兵役に入る前には兵役免除の議論が国論を二分した。

日本のテレビドラマのオワコン化（前述１－12参照）を阻止するためにも示唆に富むＫ－ＰＯＰの勝因については、文藝春秋２０２１年２月号掲載の「ＢＴＳが世界を制した秘密」という記事が参考になる。

記事は、

「アメリカを代表する週刊誌『タイム』は２０２０年の「ENTERTAINER OF THE YEAR」に韓国のポップグループである防弾少年団（以下、ＢＴＳ）を選出した。」

「『タイム』誌は昨年、「ＢＴＳ―世界を征服したＫ－ＰＯＰバンド」というタイトルの特別号を発行している。『タイム』誌は（途中略）ビートルズ以来、初めてこの言葉（筆者注：「世界を征服した」という形容詞）でＢＴＳに賛辞を送ったのだ。」

「Ｋ－ＰＯＰという言葉はＪ－ＰＯＰから生まれている。」

「10年代半ばを境に、Ｊ－ＰＯＰとＫ－ＰＯＰの国際的地位には大きく差がついた。」

「韓国の音楽関係者はK－POPの持つ柔軟性が地位の逆転をもたらしたと考えている。」

などと指摘した後、以下のように続ける。

韓国ではストリーミングサービスとユーチューブに提供されるコンテンツが急速に増えた一方、日本は著作権法に縛られてコンテンツの拡散が制限された。さらに日本ではCDが相変わらず音楽メディアの主流だったため、外国のファンがJ－POPを楽しみにくい状況が続いた。

（中略）

K－POPは世界のどこでも通用するリズムとメロディーを持ち、さらに歌詞をすべて英語に変えてもいいほどの「普遍性」を追求した。グローバルスタンダードを追い、その結果、ついに自らがグローバルスタンダードになったと言えるかもしれない。しかし、J－POPは日本独自の個性に固執して柔軟性を欠いたまま「ガラパゴス化」していった。

日本は著作権法に縛られてコンテンツの拡散が制限されたと指摘する。日本の著作権法の縛りの代表例として、前述（7－3）のとおり、二次創作が未だに合法化されていない現状が挙げられる。

赤松氏の提案する「日本文化で世界を席巻しコンテンツ輸出大国に」するためには、早急に二次創作を合法化して、この制約を解消する必要がある。

具体的には著作権法30条から49条までの個別権利制限規定の最後に、「以上の他、やむを得ないと認める場合は許諾なしの利用を認める」という受け皿規定を置く日本版フェアユースの導入を提案する。

※入稿直前にこの章に関連するニュースが飛び込んできたので紹介する。

①図表7・4「日本の『文化GDP』倍増化計画」の「5・コンテンツを生みやすく成功の連鎖を創生」に関連して、日経新聞が「文化庁は権利者不明のドラマや動画、二次利用促進へ法改正」と紹介している(https://www.nikkei.com/article/DGXZQOUE291I30Z20C23A1000000/)。

②7-8「K-POPの成功例に学ぶ」に関連して、時事通信社i-JAMPポータルの『文化芸術を産業に』=都倉文化庁長官が内情で講演」と題する記事は以下のように結んでいる(https://portal.jamp.jiji.com/portal/news/detail/20230130000835)。

韓国の「K-POP」が世界を席巻していることなどを例に挙げ、「国と民間が一緒になって日本の豊富な才能や資源、最高峰の芸術を輸出したい」と意気込んだ。

巻末特別インタビュー

２０２２年11月22日、『Winny　天才プログラマー金子勇との7年半』の著者壇俊光氏に、直接お会いしてお話を聞く機会を得たので、その模様を掲載する。インタビューは1時間半に及んだので、小見出しをつけた。技術や法律の専門的な話も含まれるので、小見出しを見て必要により読み飛ばしていただければ幸いである。

ユーチューブよりも先行したウィニー

城所　ご著書の「発刊に寄せて」で、ひろゆき氏は「ＬＩＮＥでの動画共有とかビットコインなどの仮想通貨とかに使われているＰ２Ｐ技術の最先端がウィニーだったので、金子さんがいれば、日本発の技術が世界で使われて、世界中からお金が入ってくるみたいな世の中にできたかもしれなかった」と指摘しています。先生も「逮捕直後には存在しなかったユーチューブやアイチューンズなどの新しい技術が事件中に出てきて、日本のビジネスを駆逐した」と残念がっていますが、まず、このあたりからおうかがいできますか？

壇　金子さんの作ったウィニーは、情報流通の効率性の観点から言えばよく考えられていると感じました。著作権侵害のための技術ではないのです。この長所を生かしてやるにはどうしたらいいのかというと、配信エンジンだなと思っていました。当時のマーケットは、ユーザーがアップロードしたものがあると、ＪＡＳＲＡＣから訴えられてつぶされる、もしくはＮＨＫから訴えられてつぶされるというのがセオリーで。実際ジャストオンライン事件とかも、ユーチューブライクなものを日本でやってつぶされてますよね。そういうところがあって、ユーザーアップロードを許すサービスはできないなと。

注：ジャストオンライン事件については（図表6・5）参照。

ユーザーがアップロードするのではなくて、コンテンツ事業者が配信するものでやったら、ウィニーの持っている配信能力をすごく生かすことができるんじゃないかということで考えたのがスキードキャストでした。最初の構想を考えるときに、金子さんは、１００のどうでもいいノードよりも、１の優秀なノードのほうがはるかにネットワークの効率を上げると、全体の効率を上げるということを言ってたんですね。

注：スキードキャストについては（前述2‐13）参照。

これは、金子さんのウィニーで得た経験的なところで、そのノウハウというのは金子さんしか持ってないのでこれを使わない手はないと考えました。その優秀なノードって何だろうと考えたときに、サーバーがあるじゃないかと。そういうことでサーバーとP2Pのハイブリッド型の配信システムを作ろうということになったんですね。これは売れるだろうと思った。しかし、難しかった。当時のコンテンツ事業者の、コンテンツをネットに出したくないという考えが大きかったですね。

城所　そこがアメリカと違うところですかね。ユーチューブみたいなのもあったんですか。

壇　ユーチューブライクなものも当時の日本には何個かサービスがあって。ユーザーがアップロードするものに関しては、全件監視しているものとか。例えば、フジテレビが始めた『ワッチミー!!TV』というのがありました。社員が全コンテンツを監視していたそうです。そんなことをしたら人件費がかかっちゃってビジネスとしては無理なんです。でも、そうしないと著作権侵害するユーザーがでてきて、ジャストオンライン事件みたいに訴えられてつぶされるということで、仕方なしに監視していた。

城所　ユーチューブに一番、削除要請したのは日本のテレビ局でしたよね。

壇　ユーチューブもいろいろ言われたんですが、向こう（アメリカ）で訴えられたのは、向こうで勝ち切ったので。例えば、バイアコムvsユーチューブの訴訟のように「のるかそるか」の戦いに勝ち切ったのが大きいです。日本では簡単に負けちゃう。それは裁判所の理解度の差ではないかなと思うんですよね。

刑事にこそ必要なフェアユース

城所　理解度の差はあるけれど、著作権法には刑事罰がありますよね。権利者としては、刑事でいったほうが訴訟費用もかからない。

壇　そうですね。アメリカの著作権法は連邦法で一応刑事罰はあるんですが、こんなビジネスとビジネスの戦いに首を突っ込むのはおかしいという感覚を持っているみたいで、なかなか刑事事件にはならないんですよね。

城所　それと、フェアユースが大きいですよね。民事でフェアユースが成立するかもしれないような事件に、民事より立証責任のハードルが高い刑事で勝てる見込みは少ないですから。

壇　それはあると思います。フェアユースが一番効果的なのは、実は刑事なんですよね。民事も、フェアユースの有り無しで有利・不利がありますけども、刑事事件の場合はフェアユースで無罪を取られたら困ると、起訴を断念することが増えると思うので、一番効果的なのは、多分、刑事の分野かなとは思いますけどね。

城所　前述（3－7）のとおり、日本の無罪率の低さは際立っていますが、日本の検察は精密司法とよばれるように、有罪が見込める十分な証拠が得られた事件のみ起訴するため、有罪率が高くなる傾向があります。確かにフェアユースがあれば、その抗弁が成立しそうな案件は起訴を差し控える効果を考えると、刑事にこそフェアユースが必要かもしれませんね。

ウィニーよりも前にP2P技術を採用したナップスターは7000万人使っていたんですよ。全人口の4分の1が使っているにもかかわらず、刑事事件にはなりませんでした。

壇　日本の刑事罰というか、刑事事件のレールに乗ると、頭のいい議論ができないんですよ。幇助とは何ぞやみたいな感じで。で、検察は、一人でも悪いことしたら、幇助だみたいなことを主張してくる。そういう議論の中にイノベーションというのは入ってこないんですよね。

城所　1994年に起きたアメリカ版ウィニー事件で地裁が引用した判決が1985年のダウリング事件最高裁判決。そのときに米最高裁は、「これまで司法府は、大きな技術イノベーションが著作物の市場を変えるような時には議会に敬意を表してきた。議会はそうした新技術に避けられない様々な対立する利害を調整する権限と能力を持っているので、それは裁判所の役割ではない」と言った。

ウィニー事件についても岡村久道弁護士は、著作権法の枠組みで科学技術の将来が決められていいのかと問題視してますよね。

壇　ソニーのベータマックス訴訟でもアメリカの裁判所は「パーラメント（議会）なんだこの問題は。」と言ってますよね。常に日米の差は感じます。日本だと人を殺すのを助けたのとどう違うんだ、みたいな話になってくるんですよ。包丁とかそういう話がほとんどで。包丁じゃないでしょと。イノベーションでしょ、ということを僕は言いたかったんですけど、刑事の議論には乗ってこないですね。なかなか。

注：ベータマックス訴訟については（前述6－6）参照。

民事だったらある程度そういう議論に乗る部分もあるんですけど、それでも日本もフェアユースがほしいですね。ただ、フェアユースの規定がなくてもある程度はフェアユースのような議論に乗せることはできる。刑事になるとまったく乗らない。刑事で日本のイノベーションを決めるというのは、僕はすごく反対です。同じようにコインハイブ事件も似たような背景があります。新しい収益の技術の話なのに、ウイルスかどうかということを延々といわれてて。それぐらい刑事裁判所というのは、イノベーションということに対する理解度が少ないとは思います。

注：コインハイブ事件では、ウェブ閲覧者の同意なしにそのPCを使用して仮想通貨のマイニングを行わせるプログラム「コインハイブ」が、2011年の改正で刑法に盛り込まれた「不正指令電磁的記録に関する罪（いわゆるコンピュータ・ウイルスに関する罪）」にいう「不正指令電磁的記録」に該当するかが争われた。一審（無罪）、二審（有罪）で判断が分かれたが、最高裁は2021年に該当しないとする無罪判決を下した。

日本のコンテンツ業界はムラ社会

壇　コンテンツビジネスの問題でいうと、コンテンツホルダーは、本当にもうコンテンツを出さない。今までのムラ社会で稼ぎたいという人がものすごく多いですね。それは業界の隅々まで。韓国とかだと海外に売ることを考えているから、権利関係をきれいにしているし、タレントも韓国内では食えないから海外に出る。その国の言葉を覚えるみたいなことが、ものすごくあるんですけど、日本はまったくないですよね。

城所　K－POPはJ－POPを真似たんだけども、出藍の誉れではるかにJ－POPより先にいっちゃって。

壇　その結果、韓流のアーチストで、アメリカで成功する例も出てきたり。日本のコンテンツ業界自体が、ムラ意識がすごく強かったというのは、このスキードキャストをやってから驚いたことですね。

著作権ビジネスはパラダイムシフトすべきだみたいなことで捕まるんだったら、捕まるのは金子さんじゃなくて俺だってよく言ってました。俺は言い続けてやると言ってました。結局は黒船みたいにユーチューブにやられて、音楽配信に関してはアイチューンズにやられてて。

ユーチューブが来たときに、日本のコンテンツ業界がなんて言っていたかというと、「それで俺たちもいっちょかみして儲けようぜ」ではないんですよ。「あいつらが日本にサーバー置いたら訴えてやる」みたいなことを言っていたんです。自分たちのビジネスモデルで新しいことをやっていこという感覚がなかったというのはあります。

今、アマゾンプライムでどれだけ映画が助かっているか。DVDの販売も終わった作品がアマゾンプライムに出て、それでもずっとロングテールで収益が上がる状況になってるので、日本の映画業界も軍門に下った感じです。テレビはテレビでユーチューブに下ったという感じですね。テレビの広告収入が抜かれちゃいましたから。

日本のテレビ業界は相手をどうやって政治的につぶすかしか考えていない。自分たちがどうやって取り入れて、そのビジネスモデルを組み込もうかとか、そういうことは全然考えてないですよね。

城所　なるほど、前述（7－1）の「クールダウンしたクールジャパン戦略」でクールジャパン戦略の低迷ぶりを紹介しましたが、ご指摘のようなコンテンツ業界のムラ社会的体質も影響しているわけですね。新しいビジネスモデルを考えるよりも古いビジネスモデルを死守するのに躍起になっていて、そのために著作権法が使われてます。

壇　そうですね。日本の人達のそういう感覚はすごく感じました。アメリカの人たちって、なにか新しいもの出たら、いっちょかみして俺たちも儲けてやろうぜみたいな感覚が結構あるんですけれど、日本のコンテンツ業界からはまったく感じなかったですね。

城所　NHKの番組ネット同時配信を民放は民業圧迫だといって、足引っ張ることばかりで。ヨーロッパや韓国の公共放送にも10年以上遅れましたから。

抜群だった逮捕・起訴の萎縮効果

壇　NHKアーカイブが始まるときに、スキードキャストが使えないかという話があったんですけれど、結局は採用されずに終わりました。当時、P2Pといったら全部企画が止まるんですよ。こんな優等生を作ったのに、P2Pとのハイブリッドというだけで嫌われて。

城所　P2Pアレルギーですか。

壇　ええ。日本は光回線が比較的多くて、ユーザーのアップロードを利用するというのはすごく合理的なはずだったんですけど。

城所　ブロードバンド、コンテンツがなければ「ただの管」という指摘もありましたね。そもそも金子さんのウィニーはユーチューブよりも前だったわけですよね。だから、あそこでつぶされなければ、その後の展開はわからなかったわけですよね。

壇　歴史にもしもは無いですから、わかりません。ただ、当時からDRM（Digital Rights Management）をコンテンツに付けてコンテンツ配信するという著作権管理の技術があって、配信を始めていたんですよ。最初に当時最も使われていたウィンエムエックスで流して、ウィニーでも流そうという話になっていたんですが、刑事事件一発で飛びました。その企業は一部署が全部なくなりました。技術としてはウィンドウズメディアプレーヤー専用のDRMを付けて配信するということなんで、すごく合理的だったんです。今は結構当たり前に使われている技術なんですよね。あの時期はちょうどネット配信をどうやって管理するかということで、暗号化技術を組み合わせたものというのがいろいろ出されていた時期ですね。これを使ったらいいんじゃないのという話をしていたんですよ。実際にスキードキャストでも採用しています。

城所 スキードキャストはウィニーではないから別に問題なかったわけですね。ウィニーは結局もう、金子さんは改良できなかったわけですよね。

壇 はい。改良できなかったです。なぜ違法といわれるかというと、ユーザーがアップロードするから。それを管理できなかったから。裁判所の理屈だと、金子さんが問題点を改良しただけでも、捕まるということしか考えられない。そもそも、そのようなビジネスだったらコンテンツホルダーが配信しないと成り立たないというのが弱点でした。ビジネス的にはユーザーアップロードで、みんな好きなようにアップロードしてくださいとなったほうが、なにもせずにビジネスにはできたんですよね。そういうことができたらと言ったけど、みんなびびっちゃって、それはさすがに無理だったんですよ。

城所　でもまだスキードキャストの技術を生かせる余地はあったわけですか。

壇　はい。そういうのを広告料でやったらいいじゃないかと提案したんですけど、それは今のユーチューブと同じですよね。でも、さすがにそれは怖いと。

城所　そういう意味ではやっぱりウィニー効果が。

壇　そうですね。ということで、結局はユーザーには触れさせない。スキードキャストはコンテンツホルダーが自分で配信するというシステムにしたんですね。その配信でP2Pを併用することで配信費用がめちゃめちゃ安いという。

城所　本当は金子さんがもっと頑張っていれば。

壇　彼にあれ以上頑張れとは言い難いです。ちなみに、スキードキャストというのは、今のウェブ3・

0そのものです。サーバーとP2Pとのハイブリッド型ですから。スキードキャストが提唱したハイブリッドP2Pがウェブ3・0と呼ばれるとは当時思いませんでした。

スキードキャストの技術

城所　そうするとウィニーは潰されたれけども、ウェブ3・0のスキードキャストで挽回するチャンスはあったわけですね。

壇　今はブラウザーにP2Pを装備しているものもあるので、そういう世界だったらより技術的には配信エンジンとしては使えたと思うんですよね。ウィニーそのものを使う必要はなかった。そもそも、僕はウィニーというのは基礎技術だと思ってたので、その長所をどうやって使うかということしか注目していなかったんですよ。ファイル共有という側面でいうと、コンペティターが多いと思っていた。ユーチューブみたいなものは結構いっぱい出てくると思っていたんですよね。リーガルリスクもある。それはそれでいいけども、彼がやったネットワークの自主的な、自動的なバランシングの能力とか、ああいうのはすごく捨て難いと思っていたので、うまく使えばサーバーに依存している世界というのは変わるかなとは思っていましたね。実際やろうということで会社を作って。

城所　そうすると金子さんがもし存命されてたら、その能力をもっと生かせたかもかもしれないわけですね。

壇　そうですね。彼にその商用化の能力があったかまではわからないですけれど。ただ、彼と一緒に仕事をしたいという人が結構集まって来ていたので、彼らが新しいものを作ったりもしていました。

デジタルサイネージ用配信システムというのもやってたんですけど、裏でやってることはクラウドと変わらない。結局は、サーバーサイドP2Pみたいなことを言っていたんです。そのすぐ後にグーグルの当時のCEOのエリック・シュミットが出てきて、クラウドといった瞬間、それクラウドですかと言われました。でも、スキードキャストは分散させる能力が高いので、一般的なサーバーを何十個か置いて、かちっと1個押せば全てのサーバーに同じコンテンツが配信されるというのは作れる。そこから配信すれば、あとはDNS（Domain Name System）で工夫するだけで負荷分散になると。今の動画配信サーバーみたいな高級なものを使わなくても配信できるという。これってやっていることほとんど今で言うところのCDN（Content Delivery Network）なんですよ。そういうこともやっていました。

当時は、TCP（Transmission Control Protocol）が遅いと言って自分でプロトコルを作っている社員もいましたし、組み合わせたらなかなか面白いものができたんで、そういう人たちが集まるシンボルとしての「金子」というのは続いたと思います。

城所　映画化を企画した古橋智史さんも金子さんの弟子ですか？

壇　別に会社とかは関係なくて、ウィニー事件を知っていたみたいです。古橋さんが「ホリエモン万博キャンプファイヤー映画祭」にウィニーの映画を提案したら、審査員が通称ホリエモンの堀江貴文氏だったんです。僕は、ホリエモンにその1年ぐらい前に会っていて、「(実際は逮捕騒動になって話がポシャったけれど）ウィニーの技術を使った会社がライブドアの孫会社になるかどうかという話があって、そうなったら面白かったんですけど」という話をしたんです。そのことをホリエモンが覚えていたらしくて。古橋さんの企画がキャンプファイヤー映画祭で優勝しちゃうんですね。どこに縁があるかわからないですね。

必要な取調べへの弁護人の立会い

城所　次に取調べへの弁護人の立会いについておうかがいします。金子さんの悲劇を繰り返さないための提言として、取り上げたいので。

壇　そうですね。立会いはあったほうがいいのは確かです。日本の現状はめちゃめちゃですから。今は弁護人がついて、取調べで失礼なことを言われたらその段階で取調べではもう何も答えるなということも、ある程度、通用するようになっているので対応はしやすくなってきています。金子さんのときは、なんだかんだでお巡りさんが作文したような内容の自白を取られちゃうみたいなことが多かったのですけれど、そういうことが減ってきているのは確かです。ウィニー事件を契機に「変な自白調書を取られるな！」という教訓がだいぶ広まりましたからね。ただ、みんながみんなそうなったという訳ではないです。コインハイブ事件では自白調書を取られてますからね。これを認めなかったら逮捕するぞ、みたいなこと言われたので不本意ながら署名したそうです。

注：コインハイブ事件については前述223ページ参照。

城所　だからゴーン夫人が言っているわけですね（前述3－7参照）。人質司法の話になる長い時間勾留されて。

壇　しかも、長期間勾留された人の中には心を病んでしまう人もいますし、病気になっても治療してもらえないんですよ。サイバー裁判事件で中国人のプログラマーの弁護をしたことがあるんですが、彼、勾留中にがんが進行してしまったんです。何度も保釈請求が不許可になって、最終的には保釈が取れてすぐに胃の切除手術をしたんですが、結局がんが再発して亡くなってしまいました。刑事事件というと、学者の先生とかは判決だけを見て抽象的な話をするんですけれど、実際はもっとドロドロな事実が横たわっていて、人権侵害そのものというような世界があるんですよね。刑事裁判官にこの国のイノベーションの最先端のことを判断させるのは絶対無理だと思います。ただ、ウィニー事件はすぐに保釈が取れたので良かったですが。

城所　それは保釈のための支援金が集まったからですか。

壇　支援金もありますし。金子さんが一人で開発していたのが一番大きいです。共謀の恐れなし、通謀の恐れなし、証人威迫もないということで保釈が出たんです。今では、刑事事件でお巡りさんが、取りあえず二、三人逮捕して共謀の恐れありとか、通謀する恐れがありとして、裁判所が保釈を認めないということが結構あるんですよ。お巡りさんもなかなか考えていてね。

城所　PC遠隔操作事件で4人も自白させられて誤認逮捕されたのもそれですか（前述3－5参照）。

壇　あれは「認めんかったら起訴するぞ、量刑最悪やぞ」とか言ってどう喝した。そういうことは大阪では普通にある話なのです（苦笑）。

城所　（図表3・2を見せながら）これ法務省の資料から取っているのですが、ゴーン夫人の人質司法批判を紹介したBBCの記事は、有罪率が99％の日本では自供が「絶対的な証拠」になっていると指摘しました。この表を見ると確かに諸外国に比べて無罪率が低いですよね。ということは、これを裏返すとえん罪がかなりあるということになりそうですが。

壇　そうですね。裁判所は、最大限の賛辞を持って検察官の主張立証にあたっていますからね。裁判所は、検察官の主張をどうやって認めるかということを考えています。

城所　韓国も立会いを入れているんですよね。

壇　はい。そうですね。韓国は法制度的に日本を見て、駄目なところを直す。

城所　反面教師ですか？　昔は著作権法も日本の真似をしていましたが、それが今ではフェアユースも導入していますし。

壇　なかなか、日本の弁護士の私としては忸怩《じくじ》たる想いです。

城所　村木厚子さん、鈴木宗男さんのような法律のプロの人たちでさえやられちゃうわけだから（前述5－3参照）。金子さんが、天下の警察の言うことだからと、署名してしまうのも無理もないですね。

壇　金子さんは、おかしいと思ったけど警察から強く言われたんでと。最後は「もう帰らなきゃいかんから、署名してもらわんと帰れない」とか言われて、仕方がないなと思って署名したらしいですけど。世間の人って大体そんな感覚ですから。

審議会委員は中立委員のみに絞るべき

城所　そこはありますね。それに関連しては、ゴーン事件や東京高等検察庁の黒川元検事長が賭けマージャンの問題で辞職したことなどを受けて、法務省は、2020年7月に「法務・検察行政刷新会議」を置いて検討しましたが、弁護人立会いなどの改革には踏み込めなかった。

そこで、思ったのは、文化審議会著作権分科会は権利者団体の代表委員が半分以上を占めているため、日本版フェアユースも二度にわたって検討しても道半ば。NHKの番組ネット同時配信が欧州や韓国に十数年も遅れたという話も、昔、竹中平蔵さんが総務大臣のときにネットでテレビが見れないのはおかしいと言って検討したが、つぶされた。

審議会や委員会は、関係者の利害調整の場なんですよね。それだとなかなか抜本的な改革ができない。そこで、提言したいのが、審議会を中立委員だけにしたらどうかと。要するに学者。実際にそれが成功したのが、2012年に経済産業省が立ち上げた電力システム改革専門委員会の例。委員を務めた八田達夫アジア成長研究所長（当時）が、「欧米では1980年代から進められてきた発送電分離が、利害関係者が委員に加わっている委員会では実現しなかったが、原発事故という大惨事が発生したことによって、委員会を中立委員だけに絞ることができてはじめて実現できた」としています。

壇　文化審議会著作権分科会の委員でコンテンツ業界の息のかかってない人は、いないんです。昔、津田大介氏が審議会の委員に入ったのですが、今は文化庁立ち入り禁止状態ですから。今も昔も審議会に弁護士が入っていますけど、あの先生は何々の顧問、あの先生は何々の顧問という感じです。

城所　大学教授だって、コンテンツ企業の顧問をしてたりしてますからね。

壇　(苦笑)。他方、僕なんか絶対に呼んでくれないです。彼らにとって嫌なことを言うから。権利者団体を入れないと業界がついてこなくなったら困るとか、そんな話になるんですけれども。それはもうロビー活動がものすごいですから。

城所　もちろん中立委員だけにしても、中立委員にものすごいロビーするでしょうけどね。でもそれこそ電力のときはできたんだから。

壇　そうですね。ただ、国会議員には文化族がいらっしゃいますので。

城所　2022年10月に私的録音録画補償金の対象にブルーレイを追加する政令を閣議で決定しましたが、強力なプロモーターが文部科学大臣も務めた自民党の渡海紀三朗衆議院議員でした。

壇　しかも、ほとぼりが冷めたら、またやろうとしている。あれはひどいですね。でも、もともと、私的録音録画補償金制度がよかったかといえば、あれは全然いい制度ではなかった。あの辺のムラの人がいろいろぶら下がって、公定みかじめ料みたいな制度になっていたので、僕は私的録音録画補償金制度自体が反対ですけどね。またJEITA（電子情報技術産業協会）頑張ってくださいって感じで。

注：私的使用のための複製は権利者の許諾なしに可能だが、デジタル方式の録音録画については、利用者が補償金を支払わなければならない。この補償金は私的録音録画補償金とよばれ、指定された機器および記録媒体の価格に上乗せする形で徴収されている。具体的な機器等は政令で定めることになっていて、文化庁は今回、ブルーレイディスクレコーダーおよびブルーレイディスクを指定する政令案を発表、これに対して、補償金を上乗せされると機器の販売価格に跳ね返る機器メーカーと加盟するJEITA（電子情報技術産業協会）は反対した。

城所　ＪＥＩＴＡは頑張ったけど、結局、政令でやられてしまいました。法改正だったら国会で野党議員に追求されたでしょうけれど。

刑事にも必要なアミカスブリーフ

壇　アミカスブリーフは、その日本における第1号が私の担当している特許事件というのは。すごく皮肉ですね。

城所　それも、特許でね。

壇　はい。特許事件で、知財高裁が第三者意見募集第1号やることになりまして、私の担当事件なんです。

城所　それを著作権法にも入れることを、私も山田太郎参議院議員に彼の政策秘書の小山紘一弁護士を通じてアプローチしているところです。

壇　おそらく入れること自体は簡単ですよね。ただ民事に関しては、知財事件は意見書の出し合いとかあるので、ある程度でかい事件とかになったら元地裁・高裁裁判長があっちとこっちについて戦うみたいな。音楽教室とかもそんな感じになっていますよね。だから民事事件が第三者意見募集制度であんまりドラスチックに変わることはないかなと思いますね。

ただ、刑事事件には入れてほしいです。本当に。その手の意見についての証拠が出せないんですよ。意見書の類は、原則として、検察から不同意されるから、証人を呼んでこないといけない。証人も全員は呼べないので限定するとか裁判所から言われちゃうんですけれども。

城所　村井さんは鑑定意見書を出せなかったんですか。

壇　村井純さんですか。刑事事件なので、鑑定意見書を出しても検察官が不同意したら証拠にならなないです。だから、証人で呼んでくるしかない。鑑定意見書は、事実上、最高裁にいくときだけは添付資料といって、コピー付けて出したりしますが、地裁・高裁ではできないんです。

城所　添付資料で学者の意見とか。

壇　はい。取りあえず見てくれと。不同意されたけど見てくれと出すんですけれど。

城所　でもさすがに判決を書くのは調査官だろうけれど、そこまで読んでいられないから。

壇　地裁・高裁まできてしまうと、最高裁なんてほとんどひっくり返さないので、その前に意見を地裁の人たちに、社会的な素養に乏しい裁判官にぜひ見ていただきたいと思いますけどね。そういう制度の中でできるかどうか。一応、今の特許法も民事事件に関してだけなので。刑事事件の枠組みの中でアミカスブリーフの制度が出るようになったら、少しはハイテク事件の環境はましになるんじゃないかなとは思いますけれど。

城所　そうですよね。アメリカのグロクスター事件のとき最高裁の口頭弁論を傍聴したんですよ（前述5－1参照）。アミカスブリーフを全部読んだら特許法にある誘因理論というのを著作権法でも採用したらいいんじゃないかという意見があったんです。これはいいアイデアだなと思ったら、判決ではそれをちゃんと採用していた。判決に周知を集めるというメリットがあると思うんですよね。

壇　村井先生には、証人にはなってもらえました。しかし、証人採用も検察は反対しました。検察曰く技術者の代表者ではないと。こっちとしては、技術者の代表者に決まってるだろうが、日本にインターネットを引いてきた人だぞと。失礼なこと言うなと。検察はどうやってこっちの立証を妨害するかしか考えていないんですよ。

城所　呼ぼうとしたら、地裁では証人を拒否されたんですか。

壇　裁判所を説得したら裁判所は採用したんです。辛うじて。ところが、村井先生から、証人尋問の日に日本学術会議の委員の認証式があって小泉純一郎が来るからさぼれなくなったと言ってきて。最終的に、期日を再調整して証人尋問が実施されて、専門家証人ということで鑑定意見に近いことができたのでよかったです。村井先生の証言で、技術としての価値があるんだということをちゃんと立証したので、無罪を取れたというのはあります。東京弁護士会の弁護士から最高裁の裁判官になられた岡部裁判官が退官後のインタビューで、在任中の記憶に残っている事件にあげられていま す。

注：岡部裁判官のインタビューについては（前述5－1）参照。

そういう証人を採用してくれるのはラッキーなんですが、採否は裁判官の胸先三寸で決まっちゃうんです。基本的に著作権法の枠組みとか、著作権法的な考え方とか、刑事裁判官は、全然持っていないんですよ。だから著作権法的にはこう考えるんだ、こんな議論の中で刑事罰なんて全然考えられないんだということを伝えたいのですが。

城所　そういうところを直す意味でもアミカスブリーフがあったほうが。

壇　そうです。まさにそこでアミカスブリーフが生きてくると思います。あのような手続きだったら、幇助とは何ぞやという、中立的幇助の理論しか乗っかってこないんですよ。著作権法の常識で考えれば、これが刑事罰になるなんて誰も考えないと。それは著作権法の関係で学者の先生の意見書とかは出して、それは何とか採用してもらったんです。あの辺は民事ですら怪しいのに、いわんや刑事罰をやという理屈なんですよ。全部。それはもう刑事的な裁判官に著作権法の枠組みというのを理解してもらおうと思って作った意見書なんですよね。

他の研究者の先生にも何とか意見書を書いてもらって出しました。弁護作戦としては一点突破は難しくて、この理屈でも駄目でしょ、この理屈でも駄目でしょと。だったら無罪にするしかないじゃないですか？　というような方法じゃないと。裁判所でも、ありとあらゆる逃げ道を考えて有罪にしたがるので、そういう作戦でやりました。その中に著作権法、民事ですらというのも結構入れて。幇助理論としても中立的機器の提供というのででやって。こういう手法は、なかなか刑事裁判には乗りにくかったですね。

城所　ご著書でも知的財産法の大友信秀金沢大学教授の意見書が、有力な武器となったと書かれてますね。

暴力団を取り締るための拡張解釈をＩＴにも適用する当局

城所　ところで、大阪弁護士会は取調べの可視化にも積極的に取り組んでいるようですが。

壇　取り組んでますねぇ。ただ、法務省はがんとして受け入れようとしない。取調べの状況を明らかにしたら、被疑者との信頼関係が築けないとか、ばかなことを言ってて。

城所　国際的に非難されててもね。

壇　ワン・オブ・ザ・モースト・アドバンスド・カントリーズとか言って。シャラップとか、私は話を聞いて、「どの口が言うかね、そのとおりでございますやろ」と言っていました（笑）。

注：シャラップ（黙れ）発言については（前述３‐６）参照。

現在の、日本の刑法の解釈は、暴力団とかを有罪にするために広げ切った理論なんですね。日本の刑事は。それをなぜか今、ＩＴに使っている。組織犯罪処罰法とかも、なぜかＩＴの分野で使いたがる。

城所　京都府警の勇み足も相変わらず変わってないようだし。

壇　そうですね。そういうもののために使っていい法律じゃないと思うんですけどね。共同正犯の共謀とかもヤクザですごく広がったんですよね。ヤクザを処罰するために広がったものを、最近さらにネットの犯罪で広げてしまってて。

城所　そこでやはりアミカスブリーフが必要になる。

壇　そうですね。アミカスブリーフはぜひあったほうがいいと思います。そもそも現行刑事訴訟法が結構アンフェアな制度になっているので。被告人が自分に不利なことを言っている調書に関しては弁護人が証拠とすることに反対していても採用できるとなっていたり、他方、弁護士が関係者からヒアリングして書いた調書なんて、基本的に検察が不同意したら証拠採用されないですから。そういうものに関しても第三者の意見は見ることができるとか、そういうのは必要だと思いますけどね。取調べも、初期の初期で立ち会うのは必要だと思うんですよね。難しいというんだったら、録画しろとは思います。

城所　要するに最初から録画か立ち会いということですかね。

壇　そうですね。

城所　今は取調べのときには、一応録画してますか？

壇　検察に関してはどこかでやるという感じでやってますけれど。裁判員裁判だったら検察調べは全部やるとかやってますけどね。

城所　裁判員裁判のときは最初からですか。

壇　お巡りさんのところではやらないですけど、検察庁に行ったら一応録音録画してますね。結構、それで自白の任意性が飛んだりすることもあるんですよ。故意に関するとこで、「おまえ認めへんのか。まったくそのつもりはなかったと言うんやな？　それじゃ、ちょっとはあったやないか」と検察が言って、本人が「ちょっとあったんですかねぇ。無かったと思うんですけどねぇ」とか言ってるのに、調書には、そのつもりでしたと書いているんですよ。それで自白の任意性が飛んだりしたこともあります。

城所　そうすると、立会いというのは早いほうがいい。今は立会いは、検察に行ってからということですか。

壇　立会いは、ずっと認められないです。録画は検察では一部認められているということです。立会いは早ければ早いほどいいんですが、基本的には今は全部認めてないです。警察の通達で警察はもう認めないと。立ち会いは認めないということを言いますので。

城所　そういうことなんですか。ではやっぱり立会いの義務化ですね。

壇　立会いを義務化にして、取調べの要件としてしなければならないとかを入れないと。駄目なら録画しろですね。

城所　それがないと確かにね。それこそ自白偏重は防げませんよね。

壇　裁判所は自白が大好きですからね。裁判所にとっては、ごちそうみたいで、自白があったら取りあえず有罪にしちゃう。それだけ裁判所が、よっぽどのことをやっても任意性を飛ばさずに自白を理由に有罪にしてくれるんだったら、捜査機関も無理してでも取りたくもなります。裁判所が、自白なんかあんまり信用しないという話になったら、捜査機関もやり方は変わるとは思うんですが。

城所　でもウィニー事件があっても変わらないから。変えたくないんでしょうけどね。

壇　あれも駄目、これも駄目という感じで旧態依然でやってるのが現状です。実体法解釈も酷い感じで、その二つがくっついたら、とんでもないことになったというのがまさにウィニー事件です。いろんな構成要件を広げて人質司法やってきましたというおかしな刑事司法制度と、権利者を保護するために権利の範囲をすごく広げましたという著作権法がくっついたら、こうなっちゃったという例ですね。

城所　著作権法の拡大解釈については、前述（3－1）で紹介した米国版ウィニー事件で地裁が準拠した1985年の米最高裁ダウリング判決が、対照的な自制的解釈をしているので、以下に要約します。

著作権は、排他的支配を取得できない点で通常の動産と異なる。著作権の制約は、思想の自由な流通を保障した憲法修正一条に由来する。著作権の主たる目的は著者の労苦に報いるのではなく、科学・芸術の進歩に貢献することにある（著作権法一条）。著作権侵害は盗み、横領、詐欺に匹敵するものではない。ダウリングが海賊版を作成したことは著作権法違反であることに議論の余地はないが、著作権者からその使用を奪っているわけではないから、著作権に対して盗品法のいう物理的移転をしたとみなすことはできない。

この判決を受けてのラマッキア事件地裁判決（前述3－2参照）を以下に再掲します。

ダウリング判決が指摘するように、著作権は議会が注意深く取り扱ってきた分野で、著作権者を侵害から守るためには種々の民事責任を用意するとともに議会が刑事罰による抑止効果が必要と認めた時には法律によって段階的な刑罰を科してきた。このステップバイステップの注意深いアプローチは、著作権法が示唆する懸念に対する議会の伝統的な配慮とも合致する。新技術が著作権法に与えるインパクトに対する議会の敏感さはダウリング判決で最高裁が犯罪を

——定義し、刑罰を科すことを立法府にまかせた英知とも一致する。

紹介が長くなりましたが、京都府警は法整備が追いつかないハイテク犯罪を起訴するために裏技を駆使しているようです(前述3－3参照)。著作権法の拡張解釈も裏技に使われているわけですね。

壇　彼らが駆使というのも、従前の刑法解釈の無理矢理な拡張ですからねぇ。著作権法というのは権利の範囲が不明確なので、ある程度、抽象的な価値判断にならざるを得ないんではないかと思うんですね。そこでは、ものすごい最先端な議論がされるべきですけども、規範としては抽象的になる。それを刑事に持ってくると抽象的な基準で処罰できる上に、幇助みたいなのを駆使したらさらに抽象的なものにできるんじゃないかという。

城所　それで思い出しました。ラマッキア事件で連邦地裁が、「これまで司法府は、大きな技術イノベーションが著作物の市場を変えるような時には議会に敬意を表してきた。議会はそうした新技術に避けられない様々な対立する利害を調整する権限と能力を持っているので、それは裁判所の役割ではない」（前述3－2参照）と司法府の役割をわきまえた判決を下しているのと対照的ですね。先生も、「無償で提供しているWinnyは、カラオケ法理を適用すると、著作権侵害の民事責任を負わないことになる。著作権法は著作権侵害については広く刑事処罰の対象としており、特に幇助の適用を排除するような規定もないので、広い要件で幇助の成立を認めることは、民事上の責任を負わない場合にでも、刑事責任が認められるという責任範囲の逆転現象を引き起こすことになる」と指摘されてますが（前述3－2参照）、民事より立証責任のハードルの高い刑事で、民事との責任範囲の逆転現象を引き起こすのは問題ですよね。

ところで、お書きになっていたとおり、メンツに懸けて戦うつもりだったということになると、仮に地裁で無罪であっても最高裁まで……。

壇 当然、いったと思います。それは最初から金子さんには最高裁までいくよと言っていました。中立的機器の提供による幇助という議論は、明治時代ぐらいからあるんです。それに自分たちが終止符を打つということは当初から言っていました。結局、終止符は打っていないですけどね。打っていないですけど、当時の気持ちとしては、最高裁までいって、そこで、何らか判断をもらうと。

それも、5年ぐらいだと思ったら7年半になっちゃいましたけど。

城所 そういう意味では、結局は起訴されたことが不幸の始まりというか。

壇 そうですね。逮捕されたということ。さらに言うと京都府警に目付けられたのが不幸の始まりという感じですけどね。目立った存在をどうやって逮捕して立件して自分たちの手柄にするかと。この国では、一度逮捕されたら終わりなんですよ。実名で犯罪者の様に報道されて、仕事やいろいろなものを失う。最終的に無罪になってもみんな警察に目をつけられるような悪い奴と思っているし、そもそも、刑事事件で失われた貴重な時間を取り返すことはできない。金子さんが東大に戻って活動できたのはたったの半年だけでした。

城所 格好の餌食になってしまったわけですね。

壇 その結果、事件の捜査の中心人物は、天下りして一流企業の執行役員になりましたから。京都府警も今は中心人物だった彼みたいになりたいやろって感じでやってます。地方公務員ですから普通はそのまま定年退職して、交通安全協会とかで働く人たちが一流企業の執行役員ですからね。それは魅力的だと思いますけども。

警察は、ウィニー事件では、逮捕したときは自分達の手柄みたいに宣伝して、無罪になっても、金子さんの人生を奪ったこと、日本のイノベーションを奪ったことの責任を負わないんですよ。ごめんなさいのひと言もない。

抽象的規範の拡張解釈に対抗するためにも必要なフェアユース

城所　今回この本で提言したいのは①アミカスブリーフ、②審議会の委員を中立委員のみに絞る、③取調べに弁護士の立会いを義務づける、④日本版フェアユースを導入するという四点です。

壇　アミカスブリーフももちろんですが、フェアユースもぜひ導入してください。

城所　フェアユースは最後の二章です。イノベーションと二次創作があるから、二章を割いて提言しています。

壇　最近、フェアユースと言ってた人たちが心折れてきているんで、頑張ってください。

城所　そうですか。心折れてますか、二度試みてまだ道半ばですからね。

壇　文化庁の塩対応にそろそろみんな疲れてしまってる。「そうだろうけど、頑張ってよ」という感じです。

アメリカは、著作権の保護範囲は抽象的ではあるけれど、フェアユースのほうも抽象的だからバランスは取れているんです。日本は、処罰の範囲、違法の範囲が抽象的に広くて。幇助も何でもありで、でもフェアユースがない。

城所　なるほど。処罰の方は日米とも抽象的だけれども、アメリカはフェアユースも抽象的なのでバランスは取れている。日本は処罰の範囲、違法の範囲が抽象的に広く、幇助も何でもありなのにフェアユースがないのでアンバランスなわけですね。

壇　そうです。抽象的な規範というのを、お巡りさんはいっぱい使っているんです。不正指令電磁的記録のウイルス作成罪とかも、すごく抽象的な規範なんですよね。一般人は知らないだろうとか、それは不正かという話ですけれど、そういうものがあるとすぐ広げにかかるというのが今の刑事司法なので。

注：不正指令電磁的記録のウイルス作成罪については、前述223ページのコインハイブ事件についての注参照。

城所　その関連で著作権法はやっぱり別件逮捕に使われる。

壇　使いやすいですね。実際に、一時、はやっていました。最近はちょっと下火になっていますが。かつては、幇助と著作権法を組み合わせれば何でもありと言われていて、そうなったのは壇が悪いとか言われたんですけど（笑）。ＩＢＭの情報漏えい事件のときの捜査も、あれはなにかのマニュアルか仕様書が入っていたんでしたっけ。それが著作物に該当するという理由で逮捕したはずなので、いつでもそういう危険があるんですよね。しかも、フェアユースの議論のときに裁判官が出てきて、今までこれで不当に違法とされた事案はないとか言っていたんですけど、私は、それは酔っぱらいが俺は酔ってないと言ってるようなものだぞって思って見てました。

日本は、音楽教室事件でようやく生徒の演奏に対する使用料の支払いが、最高裁で認められなかったと喜んでいるぐらいですからね。僕は先生の演奏も認めるなよと思ったんですけど。一対一で教えていても公衆に該当するとかいわれたら、どうしようもないですよね。

注：音楽教室事件については（前述４-５）参照。

城所　一人カラオケも公衆に聞かせるための演奏だとか。今の時代の社会通念に合わない判決を踏襲してますからね。

壇　ロクラクⅡ事件で公衆のところが、単なる契約者だから公衆だ、みたいなことをいわれていたんです。あそこで広がった感じですよね。しかも、こういうのは刑事法とかになったら、ぐいぐい広がるので。

注：ロクラク＝事件については（前述6‐7）参照。

城所　学者も欧米に比べると改革派は少ないですからね。

壇　コピーフリーのほうで頑張っている先生が、著作権法分野は少ないなという印象があります。著作権者側の肩を持つようなことを言っていたり、意見書を出していたりする著名な先生が結構いるんですけれど、その先生でもコピーレフト思想だとかいわれるぐらいですから。彼も保護範囲は結構広く認める。僕からすると、ずいぶん広いなという印象です。

注：著作権法は著作権の保護と著作物の利用促進のバランスを図ることを目的としているが、利用促進を重視する考え方を著作権（copyright）の right の右の意味に対比させた left（左）に引っかけてコピーレフト思想とよんでいる。

城所　私は第三の人生でなった学者の端くれですが、これまで、「アメリカかぶれ」と言われようとなんといわれようと、繰り返し日本版フェアユースの導入を主張してきました。昨年、オラクルとグーグルの著作権侵害訴訟で、オラクルの1兆円の損害よりもイノベーションを優先させ、グーグルのフェアユースの主張を認めた最高裁判決に接して、日本版フェアユースの必要性を再認識し、この本でも提言しました。

この判決にはアミカスブリーフもインパクトを与えました。幸い特許法には2021年の改正で第三者意見募集制度とよばれる日本版アミカスブリーフが導入されたので、この本で著作権法への導入も提言しました。

今日、フェアユースもアミカスブリーフも刑事法にこそ必要とのお話をうかがって、大変勇気づけられました。本日はお忙しい中、お時間いただき誠にありがとうございました。

あとがき

インターネットというたった一つの技術革新に乗り遅れたことが日本経済の停滞を招いている。その原因の一つに日本の厳しい著作権法があげられる。インターネットは、そもそもオープンなネットワークとしてつくられた。このため、フリーソフトウェアに代表されるようなオープンなアプリケーションが自由に流通している。このように情報共有の発想にもとづくインターネットは、他人の情報を利用する際に原則として許諾を必要とするアナログ時代の著作権法では、その特質が十分生かせないおそれが出てくる。

わが国の著作権法は、本文でも紹介した学者やネットビジネスの先人たちが指摘するように、複製が前提のインターネットで、複製には許諾が必要な原則を貫こうとしている。著作物をインターネットで公衆に送信する際、著作権者の許諾を必要とする「公衆送信権」を世界ではじめて導入したのも日本である。当時、文化庁は「解説／「著作権法の一部を改正する法律」について――『インタラクティブ送信』について世界最先端を維持した日本の著作権法」（コピライト1997年7月号）と鼻高々だった。こうした利用には許諾を必要とする原則を貫こうとするアナログ時代の著作権法への執着が裏目に出て、デジタルネット時代への対応が遅れた。

対照的にデジタル時代の著作権法への転換に成功したのが米国である。公正な利用であれば、許諾なしの著作物の利用を認めるフェアユースは、ベンチャー企業の資本金とよばれるようにグーグルをはじめとした米IT企業の躍進に貢献した。

イノベーション促進に貢献した米国著作権法の規定はフェアユースに限らない。2000年代という新しい千年紀（ミレニアム）を目前に控えた1998年、米国はデジタルミレニアム著作権法（DMCA）を制定した。プロバイダーがDMCAの定める所定の手続きを踏んでいれば、利用者の違法投稿動画による著作権侵害の責任を免れられる法律である。DMCAの最大の受益者がユーチューブである。「『のるかそるか』の戦いに勝ち切った」（壇氏）からである。

ウィニーの開発がユーチューブの誕生前だったことを考えると、「刑事事件がなければ、P2Pが彩る世界は違うものになっていたかもしれない」（壇氏）、「ひょっとしたらウィニーがビジネスの基盤に育っていた未来があったかもしれない」（村井氏）、「P2P技術の最先端がウィニーだった」「金子さんがいれば、日本で発展した技術が世界で使われて、世界中からお金が入ってくるみたいな世の中にできたかもしれなかった」（ひろゆき氏）などの指摘も決して夢物語ではなかったことが判明する。

世界中からお金が入ってくる日本を取り戻すにあたって参考になるのが韓国である。金大中大統領の文化立国政策が実を結んで、21世紀のビートルズともよばれるBTS（防弾少年団）を生むなど、コンテンツ輸出大国となった。韓国にならい、日本の「文化GDP」倍増化計画（赤松氏）を結実させるためにも、本書で提言した改革が一刻も早く実現することを願ってやまない。

本書の執筆にあたっては、多くの方々に大変お世話になった。内容についての責任は筆者にあることはいうまでもないが、本文で著作などを引用させていただいた諸氏のほか、みらいパブリッシングの松崎義行社長にはポエムピースからの出版も含めると4冊目となる同社からの出版を快諾していただいた。同社の編集者田中むつみ氏には原稿のチェックやサポートをしていただいた。

本書の出版は、みらいパブリッシングの協力会社であるスプリンググインク株式会社が募集した第2回ビジネス出版賞奨励賞受賞がきっかけとなって実現した。同社の城村典子代表取締役にも、御礼申し上げる。

客員教授を務める国際大学グローバル・コミュニケーション・センターの渡辺智暁主幹研究員・教授、顧問を務める牧野総合法律事務所の牧野二郎所長・弁護士、森悟史弁護士、牧野剛弁護士の諸氏には貴重なアドバイスをいただいた。

国会図書館や大学図書館の勤務経験もある司書の渡辺洋子さんには図書館での資料収集などを手伝ってもらった。

最後に最大の謝辞を壇氏に贈りたい。2009年に成蹊大学での講演をお願いして以来、知己を得た同氏には著書を引用させてもらっただけでなく、上京の機会をとらえてインタビューをお願いした。同氏の「自分もこういう本を書きたかった。『Winny 金子勇との7年半』は金子さんの話が中心だったので……」との言葉は執筆の励みになった。

また、「人質司法に象徴されるおかしな刑事司法制度と権利者を保護するために権利の範囲を広げた著作権法がくっついた結果とんでもないことになったのがウィニー事件」「刑事事件って、学者の先生とかは判決だけを見て抽象的な話をするんですけれども、実際はもっとドロドロな事実が横たわっていて、人権侵害そのものっていうような世界があるんですよね」などの指摘は、本書の提言の必要性を再確認させてくれた。

霞が関ビルの牧野総合法律事務所から
外堀通り沿いのビル群をながめつつ
筆者

城所岩生（きどころ　いわお）

国際大学グローバルコミュニケーションセンター（GLOCOM）客員教授、米国弁護士（ニューヨーク州、首都ワシントン）。東京大学法学部卒業、ニューヨーク大学修士号取得（経営学・法学）。NTT アメリカ上席副社長、成蹊大学法学部教授を経て、2009 年より現職。2016 年までは成蹊大学法科大学院非常勤講師も兼務。2015 年夏、サンタクララ大ロースクール客員研究員。著作権法に精通した国際 IT 弁護士として活躍。
著書：『米国通信戦争』日刊工業新聞社（第 12 回テレコム社会科学賞奨励賞受賞）、『米国通信改革法解説』木鐸社、『著作権法がソーシャルメディアを殺す』PHP 新書、『フェアユースは経済を救う』インプレス R&D、『JASRAC と著作権　これでいいのか〜強硬路線に 100 万人が異議』ポエムピース、『音楽はどこへ消えたか？　2019 改正著作権法で見えたJASRACと音楽教室問題』みらいパブリッシング、『音楽を取りもどせ！コミック版 ユーザー vs JASRAC』みらいパブリッシング　など。
共著：『ブロードバンド時代の制度設計（経済政策レビュー）』（林紘一郎・池田信夫ほかとの共著）東洋経済新報社、『デジタル著作権』（デジタル著作権を考える会著）ソフトバンク・パブリッシング、『ネット告発一企業対応マニュアル』（牧野二郎ほかとの共著）毎日コミュニケーションズ、『著作権の法と経済学』（林 紘一郎ほかとの共著）勁草書房、『知的財産判例ダイジェスト』（牧野和夫ほかとの共著）税務経理協会、『ライフログ活用のすすめ』（日経コミュニケーション編）日経 BP 社、『これでいいのか！　2018 年著作権法改正』（中山信弘ほかとの共著）インプレス R&D、『著作権法 50 周年に諸外国に学ぶデジタル時代への対応』（山田太郎・福井健策ほかとの共著）インプレス R&D　など。

国《くに》破《やぶ》れて著作権法《ちょさくけんほう》あり

誰《だれ》がWinnyと日本《にほん》の未来《みらい》を葬《ほうむ》ったのか

2023年3月16日　初版第1刷

著　者　城所岩生《きどころいわお》

発行人　松崎義行

発　行　みらいパブリッシング

〒166-0003 東京都杉並区高円寺南4-26-12 福丸ビル6階
TEL 03-5913-8611　FAX 03-5913-8011
https://miraipub.jp　MAIL:info@miraipub.jp

編　集　田中むつみ

ブックデザイン　洪十六

発　売　星雲社（共同出版社・流通責任出版社）

〒112-0005 東京都文京区水道1-3-30
TEL 03-3868-3275　FAX 03-3868-6588

印刷・製本　株式会社上野印刷所

ISBN978-4-434-31709-5 C0236